おとなの旅カフェ

森と水辺に訪ねるお店案内

静岡・浜松・富士・伊豆

shizuoka cafe trip

ふじのくに倶楽部 著

Mates-Publishing

おとなの旅カフェ

森と水辺に訪ねるお店案内
静岡・浜松・富士・伊豆

CONTENTS

ページの見方

How to use

本文

実際にお店で取材した内容を記載しています。
季節によって内容が変わる場合があります。

エリア

お店のあるエリアです。
INDEXと揃えたおおまかな
エリアを表示しています。

アクセスMAP

お店へ行くまでの簡略化
した地図を入れています。

写真

実際にお店に行き、撮りお
ろした写真です。写真につ
いている番号とリンクさせ
て内容を説明しています。

Recommend Menu

おすすめのメニューを記載してい
ます。金額は基本的に税込みで
す。料理名の記載は基本的にお
店での書き方に合わせています。

ショップDATA

住所、電話番号、定休日、駐車場、
URLなどを記載しています。お店の詳
しい情報として、クレジットカードなど
が使えるかなどがここでわかります。

本書に掲載してある情報は、すべて2025年3月現在のものです。
お店の移転、休業、またメニューや料金、営業時間、定休日など情報に変更がある場合もありますので、
事前にお店へご確認してからお出かけください。

はじめに

少し疲れたな、と思ったら、
おいしいコーヒーやケーキのある場所で
ひと休憩。
車を走らせて、もしくは電車に乗って、
ちょっと遠くの森や、水辺のあるカフェへ。
それはまるで旅気分。

特に大事な用事がある訳でもなく、
目的がある訳でもないのに、

わざわざ出かけて、
見慣れないメニュー表を眺めながら、
どれにしようかと選ぶ楽しみ。
窓辺から見える見慣れない風景を見ながら、
考え事をする時間も、
全てが小さな新鮮さに包まれる、
贅沢なひととき。

この本を手にって、そんな場所へ
出掛けてもらえたら幸いです。

森のカフェ

緑豊かな場所に立つ、
癒しのカフェ。
時には風に吹かれて草木が揺れる音や、
鳥のさえずりも聴こえてきます。

裾野市

nog cafe

ノグカフェ

高原のカフェは、緑の風景とさわやかな空気もごちそう

避暑地としても名高い十里木高原を訪れる人は多い。様々な観光施設もあり、ドライブ旅行にも最適なエリアだ。ここまで来たら、緑の中のカフェでひと休みしたい。

　別荘地内の自宅を改装したこちらは、自然豊かで四季を感じられるロケーションを楽しめる人気店。インテリアにもこだわったガラス張りの店内は明るく、庭の景色がよく見える。中庭にはテラスがあり、外国の森の中にいるようだ。２０２４年には隣接する別棟に「ＴＡＲＯＮ」「十里木商店」の２ショップがオープンし、食事

前後の楽しみも増えた。

　カフェメニューはランチからスイーツまで豊富な品揃え。サンドイッチなど軽いものからチーズたっぷりグラタンといったしっかりめのもの、ケーキ類も人気のタルトを始めプリンなど常時数種類。すべて手作りで添加物を使わないナチュラルフードなのも嬉しい。

　ここでは風景とさわやかな空気もごちそうの一部。あわせて一緒に召し上がれ。


1_ウッディなテーブルは店主夫妻のDIYだそう　2_にんじんたっぷりのキャロットケーキ770円はスパイスがほんのり香り、ナッツとレーズンの食感、フロスティングのクリーミーさも楽しめる。ロンネフェルトのハーブティー880円と合わせて　3_自然の中、白い壁に黒のサンシェードが映える

4_3種から選べるカレーセット1,650円。ごろっと大きめチキンに玉ねぎの甘み、7種のスパイスが効いたスパイシーチキンカレーは食べ応えも充分　5_どの席からも風景が眺められる店内　6_焼き菓子やコーヒーのテイクアウトは「TARON」でも可能。ドライブ道中のお供にも

RECOMMEND MENU

- グラタンorドリア2種（シーフード・チキンときのこ）セット　2,090円
- 生ハムとグリル舞茸のチーズサンド（サラダ・スープ付き）　1,870円
- 平日限定気まぐれランチ　メニューにより変動
- 桃とブルーチーズのチーズケーキ　770円
- ブレンドコーヒー　550円

nog cafe

ノグカフェ

裾野市須山2255-4733　☎055-998-2800
⏰11:00〜17:00（土日祝・混雑時は90分制）
休日・月曜　P5台
HPhttps://nogcafe.therestaurant.jp
[テイクアウト]品物により可
[クレジットカード]可　QR決済可
[座席]テーブル16席、テラス10席（テラス席は冬季クローズ）　[煙草]全席禁煙
[アクセス]JR御殿場駅より車で30分、十里木バス停徒歩10分

アンティーク雑貨や自然素材の服などが並ぶ「TARON」。「十里木商店」は地域のミニスーパー的に野菜や生活用品なども販売。ショップのみの利用ももちろんウェルカム

掛川市

Antique Cafe Road

アンティークカフェロード

アンティークの味わいと秘境ムードに癒される

国道の掛川バイパスを下りて車で約10分と、市街地からそう遠くない山中の渓流沿いに、秘境カフェと呼ばれている隠れ家ムードたっぷりの店がある。元々、牛舎として使われていた建物を、古物商でもある店主の大場さん自ら、長い期間をかけてアレンジ。アンティークの古家具や古道具を配したレトロで味わい深い空間は、古く朽ちた看板や小物でも、オシャレで愛らしく見せる雰囲気がある。軒先や店内で気ままに過ごす看板猫の存在も人気の理由だ。

看板メニューは、オリジナルスパイスが効いた鶏ひき肉入りカレー。レッドキドニーとひよこ豆

山林が囲む、野趣に富むたたずまい。周囲にある建物も大場さんが管理しており、展示されている錆びたクラシックカーや古道具もいい味わいを演出

の食感がアクセントで、絶妙な辛さ加減もクセになる。パン派にはハムまたはアボカドにトマト、チーズを挟んだパニーニのパンセットもオススメ。ふわふわの泡が乗った甘酒ラテやクリームソーダなどのドリンク類もフォトジェニックで飽きさせない。渓流越しの緑を眺めながら、のんびり満喫したい。

写真映え抜群。昔懐かしいメロンクリームソーダとブルーハワイソーダ、各770円

1_開放感のある店内に、店主が仕入れているアンティークがずらり。暖かい時期は窓ガラスを取り払い、自然をより身近に感じられる空間に　2_10種類のスパイスを使用したオリジナルカレー、ミニサラダ付き1,320円。米は十六穀米　3_デザートに人気。ベリー、マンゴー、バニラアイスなどを盛ったひんやり「アサイーボウル」1320円　4_店の中や外でのんびりしている看板猫にも癒される

2

3

1

Antique Cafe Road

アンティークカフェロード

掛川市大野1776-7
090-4853-0851
11:00～16:00　休月・火曜　P15台
HPhttps://www.tiktok.com/
@user9878468677408
[テイクアウト]なし
[クレジットカード]不可　QR決済可
[座席]テーブル44席、テラス12席
[煙草]全席禁煙
[アクセス]東名掛川インターから車で約20分

RECOMMEND MENU

- パンセット　1,100円
- おしるこ　880円
- 甘酒ラテ　500円

御殿場市

FUJIMI CAFÉ《ふじみかふぇ》

箱根・乙女トンネルのそば富士山を望む絶景カフェ

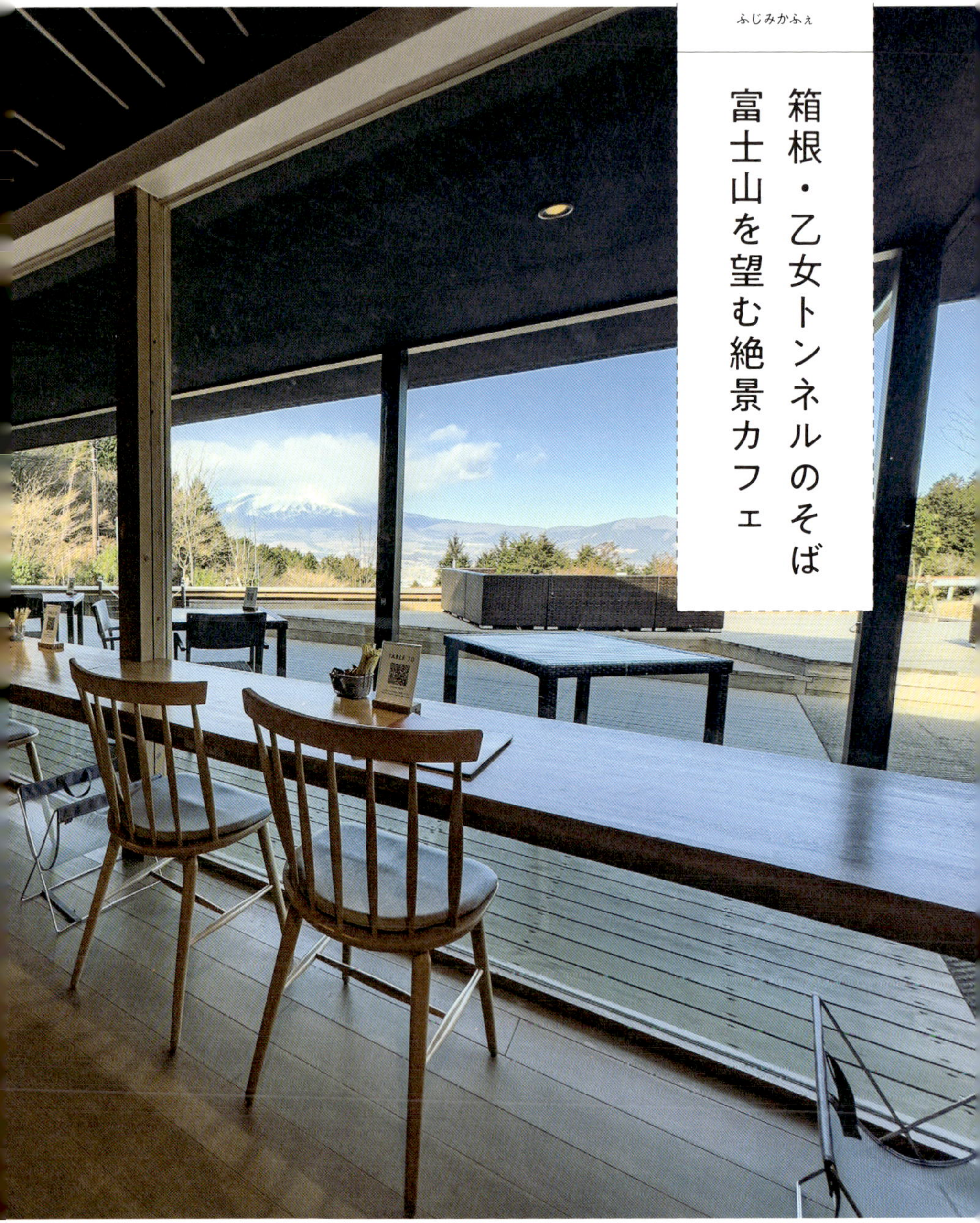

目の前に富士山があるテラス席。ペット同伴OKだ

店内のほとんどの席から富士山を眺められる

静岡と神奈川の県境に近い、箱根・乙女トンネルのすぐそばにあるカフェ。富士山を一望できるロケーションだ。外観やロゴにも富士山の美しい姿がデザインされている。こちらでは、絶景とともにこだわりのハンバーガーやカフェメニューを楽しめる。

　看板メニューのハンバーガーは、静岡県産の牛肉・あしたか牛を使用してパティを作る。香り高いドレッシングは店内仕込みで、旬の食材を取り入れた季節限定メニューも。ボリューム満点ながら、素材の味を活かした味わいが魅力だ。

　ドリンクには、地元の名水を使用し、静岡市内にあるイフニコーヒーによるオリジナルブレンドコーヒーを提供。紅茶も、御殿場にある荒井園の和紅茶を選んでおり、香り高い風味を楽しめる。カレーやスイーツもあり、食事からティータイムまで楽しめるのが嬉しい。

　富士山の雄大な景色を眺めながら、ゆったりと過ごせる。テラス席はペット同伴ＯＫなので、愛犬と一緒に訪れるのもおすすめだ。

FUJIMI CAFÉ

フジミカフェ

御殿場市深沢1816
☎0550-82-3279
🕐10:30～16:30(LO16:00)
休木曜　P22台
HPhttps://www.fujimi-cafe.com/
[テイクアウト]可
[クレジットカード]可
[座席]テーブル32席、カウンター9席、テラス席26席
[煙草]全席禁煙
[アクセス]東名高速道路・新東名高速道路御殿場インターから車で約10分

RECOMMEND MENU

- **FUJIMI BURGUR わさびマヨネーズソース　1,760円**
- **メンチカツスパイスカレー　1,650円**
- **ローストビーフ&ライスプレート　1,760円**
- **なめらかプリンのブリュレ　715円**
- **自家製ハニーレモンソーダ　715円**
- **「天空の抹茶」アイス抹茶ラテ　715円**

1_箱根の原生林に囲まれており、野趣あふれる自然を感じられる　2_雑貨などの販売もあり、おみやげの購入もできる　3_静岡の「おやいず製茶」の2種類の抹茶を使用した「抹茶香るバスク風チーズケーキ」825円。抹茶の香りを楽しんで

一番人気は「FUJIMI BURGUR ガーリック醤油ソース」1,870円。和風テイストのバーガーは、あしたか牛100%のパティのうま味を、ガーリックとブラックペッパーが効いた醤油ベースのソースが引き立てる。たっぷりのかいわれや大葉でサッパリ！

牧之原市

古民家カフェ
とこ十和

こみんかカフェ とことわ

明治期の名家がカフェに地元食材を気軽に味わう

2020年にオープン。地元の作家さんの手づくり作品や観光情報も集まる。店名の「とこ十和(とわ)」には「常(とことわ)」をかけ、常に変化し、発展し続けるという意味も。新しい企画をあたため中だそうだ

メインのおかずが選べる「和風膳」。写真は「長ねぎをたっぷり使ったふんわり鶏つくね」

明治期に建てられ、この地の村長を務めていた由緒ある家柄の飯田邸。その場所を縁あって店主・山本さんが引き継ぎ、古民家カフェとして営んでいる。山々に囲まれ、田園が広がるのどかな風景、少しずつ手を加えているお庭、冬は暖炉やペレットストーブに火が灯され、自然と温もりを感じさせてくれる。地元のお母さんたちがつくる心づくしの定食やスイーツ、ドリンクは、お客さまへの愛情と地元食材への感謝の気持ちが伝わってくる。自家栽培のお米と、大豆から自家製のお味噌を使ったご飯メニュー、牧之原産レモンを使ったかき氷や焼き菓子、レモンシロップ、近隣エリアから仕入れる和紅茶や自家焙煎コーヒー。いずれも山本さんが地元の良さを知ってもらいたいという思いから食材をセレクトし、調理している。久しぶりの友人とおしゃべりに花を咲かせる場所としてもぴったりなカフェだ。

2

1

4

3

1_高さ30cmほどの上からお湯を注ぐ姿が特徴的な「松屋式ドリップ」で入れるコーヒー。藤枝の自家焙煎珈琲豆店「かりおもん」の荒く挽いたコーヒー豆を使用し、3分蓋をして蒸らしてから再びドリップすることで、雑味がないすっきりとした味に仕上がる。夏は深煎りのマンデリンを4時間以上かけて抽出する水出しコーヒーをぜひ　2_牧之原産「波乗りレモン」を使ったかき氷（夏季限定）。ほかに吉田町・本橋製餡所のあんこを使った「白玉ぜんざい」も人気がある　3_焼き菓子コーナー。レモン果汁をたっぷり使ったウィークエンド・シトロン「金の延べ棒」は手土産としてもおすすめ　4_古民家のため冬はどうしても冷えるため、ストーブが焚かれる

古民家カフェ とこ十和

こみんかカフェ とことわ

牧之原市中734　☎0548-28-7887
⌚11:00～15:30（LO15:00）
※ランチは～14:00　休日・月曜　P30台
HPhttps://www.tocotowa2020.com
Instagram @tocotowa2020
[テイクアウト]品物により可
[クレジットカード]可　QR決済可
[座席]テーブル40席、カウンター6席、テラス4席、個室8席　[煙草]全席禁煙
[アクセス]東名高速道路吉田インターから車で10分

RECOMMEND MENU

- 和風膳　1,720円～
- 白玉ぜんざい　660円
- かき氷（夏季限定）　800円前後
- プリンアラモード　680円
- ハーフケーキセット　660円
- レモンソーダ　550円

店内は漆喰や無垢材などを使用してリフォームされている。奥には茶室もあり、お茶会のイベントをすることも可能

掛川市

茶の庭

チャノニワ

ゆとりと癒しの茶空間 見渡す限りの絶景に感動

開放感溢れる店内やテラスでゆったりと。薫風が心地よい季節は青々とした新芽の緑が映えて特におすすめ

創業100年余の老舗茶匠・佐々木製茶が丹精込めて生産する掛川茶。これを気軽に楽しめるよう工場横に併設されたのが「茶の庭」だ。モダンなカフェは窓が大きくとられ、緑の畝が一面に広がる茶畑の景色が視界に飛び込んでくる。広々としたテラス席も茶園の四季を肌で感じられる特等席でまさに〝茶の庭〟そのもの。

急須で淹れるお茶や最高級の抹茶をふんだんに使った抹茶ラテ、趣向を凝らしたスイーツなど、伝統的なお茶から時代に合わせた新たなメニューまで幅広く揃うのも魅力の一つ。また、地元大学と開発したスイーツを提供したり、ランチに登場するお茶ソーセージをハム工房と考案したりと地域の活性化にも力を入れる他、茶の植樹や茶摘みなどイベントを開催するなど広く日本茶の魅力を発信。茶を通した体験や発見ができる場所として若い世代からも支持を集め、理解を深めることで生産者や美しい里山の風景を守ることにも貢献している。

玉露、深蒸し煎茶、ほうじ茶から選べる「お点前セット」1,400円(玉露のみ1,500円)。急須で淹れる本格的なお茶と和菓子を楽しんで

一番人気の「抹茶ラテice」600円。口当たりクリーミーで濃厚なお茶の甘みと苦みが絶妙。抹茶の粉をちりばめた姿はまるで茶畑のよう

1・2_コンセプトである「お茶っていいよね」を体験できるショップ&カフェ。伝統的なものからモダンなものまで見て、触れて、味わって、お茶の魅力を五感で堪能できる　3_モダンな建物が目印。隣の製茶工場からはお茶を揉むいい香りが。スロープを上がると裏手には広大な茶畑が見え一気に景色が開ける

茶の庭

チャノニワ

掛川市上内田389-1　☎0537-28-7077
🕙10:00～18:00(LO16:30)
休なし(臨時休業あり)　Ⓟ27台
HP https://chanoniwa.com/
[テイクアウト]可
[クレジットカード]可　QR決済可
[座席]テーブル35席、テラス32席
[煙草]全席禁煙
[アクセス]JR掛川駅より車で10分、東名掛川インターより車で5分

RECOMMEND MENU

- 抹茶ラテice　600円
- お点前セット　1,400円
- ランチ　1,280円～

1

2

御殿場市

富士山の麓に佇む森の中のアトリエカフェ

癒やしの小径と名付けられた未舗装の小さな林道を進むと、そこは鳥のさえずりが響く静かな森。「カフェベーカリーとまり木」は、富士山のふもと、御殿場・東山の歴史ある別荘地にひっそりと佇む。もともと外務大臣や外交官を歴任した松岡洋右氏の別荘として使われていた建物で、今もその趣を残しながら訪れる人々を温かく迎え入れる。

コーヒーは、一杯ずつハンドドリップで丁寧に抽出。個性豊かな豆の味わいを引き立てるかのように、異なるカップで提供されるのも嬉しい。こだわりの一杯に合わせたいのが、地元・御殿場のベー

カフェがあるのは、御殿場・東山にあるとらや工房や旧岸邸のすぐ隣。未舗装の小さな道を行くと、カフェに着く

4

3

カリー「ビケット」から毎朝届く、富士山の水と白神こだま酵母を使ったパン。富士山の溶岩石窯で焼き上げたパンは、外はサクッと中はしっとり香ばしく、食感のコントラストが楽しい。自家製のケーキや、松岡陶磁器館の陶磁器も並び、訪れるたびに新しい発見があるのも魅力だ。

窓の外に広がる歴史ある森を眺めながら、贅沢な時間を過ごせる。

5

1_松岡別荘陶磁器館の1階がカフェになっている。2階は松岡洋右資料館（観覧料1人200円）　2_御殿場ベーカリービケットから毎日届くパンを使った「御殿場ハムのクロックムッシュ」とドリンクのセット1,320円　3_1杯ずつハンドドリップで淹れるオリジナルのとまり木ブレンドは、パンとの相性抜群だ。ほかに、季節のコーヒーもある　4_元々は陶磁器のアトリエ兼教室として使われていたスペース　5_パンは毎朝焼きたてが届く。コーヒーやパンをテイクアウトしに来る人も少なくないそう

Cafe & Bakery TOMARIGI

カフェベーカリー トマリギ

御殿場市東山1082-107
☎070-8337-7947
⌚11:00～17:00（LO16:30）
休日・月・火曜　P7台
HPhttps://cafe-tomarigi.com/
［テイクアウト］可
［クレジットカード］可
［座席］テーブル14席、カウンター4席
［煙草］全席禁煙
［アクセス］東名高速道路・新東名高速道路御殿場インターから車で約5分。JR御殿場線御殿場駅から徒歩約40分

RECOMMEND MENU

- 自家製ミートソースサンド　1,320円
- 富士山麓こだわりチーズケーキ　700円
- カフェラテ（HOT/ICE）　640円
- 富士山紅茶（HOT）　400円
- アイスカフェラテ　710円
- カプチーノ　650円

浜松市天竜区

里山でJAZZとCOFFEEを堪能できる古民家カフェ

店主の安富厚さんが、40年近く国内の珈琲を飲み歩き、たどり着いた最高の一杯を提供する自家焙煎専門のカフェ。深い山間の川に面した斜面に建てられた築１００年の古民家を自らリノベーションした店内は、大きなスピーカーから心地よいＪＡＺＺが流れ、窓の外には天竜の里山の風景が広がり、日々の生活から離れ自分の時間に浸れる贅沢な空間。「珈琲は豆５、焙煎４、抽出１」と安富さん。豆は、スペシャルティ珈琲の中でも厳選された最高品質のシングルオリジンのみを使用。その豆を１年３６５日、天候や季節で変わる環境の中でも、同じ

美味しさを提供するため五感を研ぎ澄ませ丁寧に焙煎する。ドリップ中は、話しかけられても答えられない程全集中した真剣勝負。その渾身の一杯は、唯一無二のアロマを纏った究極のダークロースト。安富さんのこだわり抜いた本物の一杯と安らぎの空間は遠くまで足を運ぶ価値あり。

1_店名は、JAZZトランペット奏者のマイルスデイビスのアルバム「Milestones」から。店内には、安富さんのコレクションのJAZZのレコードも　2_濃厚バニラアイスの「クリームブリュレ」500円はフランス産カソナード（さとうきび）をたっぷり使用したクリーミーな仕上がり　3_「珈琲にはとことんこだわっています。」と店主の安富さん。その言葉通り、香りの高さと味わいの深さは圧倒的　4_安富さんのこだわりの一杯の珈琲は、膨大なプロファイルの中で培ってきた焙煎技術とこのこだわりの直火式の焙煎機でこそ生まれる　5_カカオ85%のチョコレートを使用した濃厚でビターな「半熟ガトーショコラ」500円は、深煎りの「珈琲」600円と相性抜群！

天竜珈琲焙煎所　NelCafe MilesTone

テンリュウコーヒーバイセンジョ　ネルカフェ　マイルストーン

浜松市天竜区横山町711
☎0539-23-1250　🕙10:00〜16:00
休水曜（祝日の場合は翌日）　P4台
HP https://www.nelcafemilestone.com
［テイクアウト］珈琲
［クレジットカード］可　QR決済可
［座席］テーブル10席／カウンター4席
［煙草］全席禁煙
［アクセス］車で天竜浜名湖鉄道二俣駅より秋葉神社方面国道152号線約15分

RECOMMEND MENU

- オリジナルブレンド雫　600円
- オリジナルブレンド謐　600円
- オリジナルブレンド フルーツバスケット　600円
- 半熟ガトーショコラ　500円
- 雪いちご　1000円

富士市

富士山麓の農家カフェで自家鶏卵の絶品サンドを堪能

新東名高速の向こう側に富士山を望む県道から、細い農道へ折れてすぐ。養鶏・養蜂農家の三尾さん夫妻が営む「Little Farm」は、毎週水・日曜のみオープンする。ヤマモモの木が印象的な庭先で平飼いの鶏がトコトコと歩く姿も見られ、辺りはほのぼのとした雰囲気。ともすれば通り過ぎてしまいそうな場所で、営業日もレアながら、自家鶏卵や自家製蜂蜜を活用したカフェメニューが絶品と評判を呼んでいる。

評判の理由のひとつが、事前予約必須の「こだわりたまご焼きサンド」。鶏の終生飼育に取り組むなかで、形がいびつで市場に出せ

三島「だいいちはむ」の低添加ベーコンとたまご焼きを、地元「鈴木屋」の無添加パンではさんだ「こだわりたまご焼きサンド」900円

ずとも、栄養価やおいしさは変わらない、しかも新鮮な卵を活かしている。１００％、周辺の土地の花から採取している、自家製蜂蜜を使用したハニーマスタードが、かなめの味付けだ。無添加のパンで挟んだふわふわのたまご焼き。富士山麓の自然に育まれた味わいに、感謝しながら過ごしたい。

1

2

4

5

3

1_卵黄のみで焼く「まかどぷりん」、ニホンミツバチの蜂蜜がけ500円。セイヨウミツバチの蜂蜜は450円。こちらも人気なので予約が無難　2_かわいらしい山小屋のような建物。遊具広場やドッグランも併設しており、のんびり過ごせる。天気が良ければ富士山も見える　3_プリンを作る際に余った卵白で焼きあげるフィナンシェ（200円）。外側さくさく、中はしっとり　4_薪ストーブのある店内。蜂蜜や自家菜園のハーブなどの販売コーナーもある　5_鶏に餌やりをする三尾さん夫妻

Little Farm-Makado cafe-

リトルファームマカドカフェ

富士市間門35-1　☎0545-32-6010
営10:00～15:30 (15:00LO)
休月･火、木～土曜　P5台
HP https://www.instagram.com/littlefarm.makado/
［テイクアウト］あり
［クレジットカード］不可　QR決済可
［座席］テーブル12席、カウンター1席、テラス約15席　［煙草］全席禁煙
［アクセス］新東名新富士インターより車で15分

RECOMMEND MENU

- ハニーキャラメルトースト　400円
- ほうじ茶ぷりん　450円
- komon coffee 各種　500円

伊豆の国市

深い緑が包み込む、日常と少し違った世界のカフェ＆ギャラリー

単線の電車に揺られて、伊豆長岡駅に降り立つ。温泉に向かう人とは逆方向に、住宅地の道を畑や田圃を眺めながらのんびりと歩くこと約10分。鬱蒼とした緑が、一角に忽然と現れる。木々の枝や蔦が覆う、小さな森のようなアプローチの奥には何があるのか確かめたくなる。

こちらは、建築事務所とギャラリーに併設されたカフェ。オーナーの実家をリノベーションした建物は昭和建築と現代アート、たくさんの本などが心地よく混在。さまざまな植栽は、それらを包み込んでいるようだ。そんな空間に寄り添うメニューは、ドリンクとスイーツ、トーストとシンプル。

おとぎの国へ迷い込むような、植物のアーチをくぐるエントランス

素朴でやさしい味わいの品々は、ここで過ごすゆったりとした時間を引き立ててくれる。
ギャラリーもぜひ鑑賞しよう。独特の世界観で構築された展示室は、アートな趣きだ。カフェもギャラリーも、日常と隣り合いながらも少し違った世界を見せてくれるような感じがする。

1_大きな窓に面したカウンター。柔らかい照明の下、ゆったり間隔の席は物思いに耽りたくなる。オーナーが時々変えているという小さな造形作品や絵画も注目　2_ケーキ450円はその時々で違ったものが用意される。三島産の春摘み紅茶550円は無農薬で、渋みが少なく柔らかい味わい　3_オニオンチーズトースト630円は、もちもちの天然酵母食パンにマリネ玉ねぎを乗せ、ミックスチーズにハーブが香る　4_ダイレクトに自然を感じるテラスは、植物と向き合うような席。四季折々の草木を眺められる　5_2つのギャラリー「noir/NOKTA」は、不思議な場所に階段があったり中2階から1階を見下ろしたり、探検している気分にもなれる

Café trois

カフェトロワ

伊豆の国市中750-1　☎055-949-7821
営11:00〜16:30　休木曜　P7台
HPインスタグラム@cafe_trois（カフェ）@noirnokta（ギャラリー）　[テイクアウト]焼き菓子類
[クレジットカード]不可　QR決済不可
[座席テーブル6席、カウンター5席、テラス4席
[煙草]全席禁煙
[アクセス]伊豆箱根鉄道・伊豆長岡駅より徒歩10分、新東名・沼津長泉インターから車30分
[備考]営業日は要確認（インスタもしくはメール info@renrens.jp）

RECOMMEND MENU

- ドーナツ　280円
- プリン　380円
- コーヒー　550円
- 紅茶　550円

2

1

周智郡森町

のんびり本を読みながらおやつを楽しむゆるり空間

3

5

4

6

1_新刊書籍のコーナーでは販売も。本好きの心をくすぐるラインナップ。おすすめの本や感想で談義をするのも楽しい　2_太田川の土手裏ののどかなロケーションと古い建物。里帰りしたような懐かしい雰囲気と自家製のおやつが好評で、オープンから間もないが早くも人気店に　3_ガトーショコラとチョコレートケーキの2層で濃厚な味が楽しめる「ダブルチョコレート」500円など、素材と手間をかけて作るおやつが大人気。森町の焙煎珈琲店でオーダーするオリジナルの「畔ブレンド」500円と共に　4_旬の果物や自家製ジャムをふんだんに盛り込んだ季節のお菓子も好評。「柚子のチーズテリーヌ」500円　5_喫茶室一角の本棚。すべて閲覧できるのでおやつを食べながら読みふけって。旅や暮らし、日記や子育てなどの蔵書が多いのは、店主の興味が見て取れる小さな本屋さんならでは　6_続く土間はレトロな窓ガラスから注ぐ光の陰影が美しく、入り口から期待感が高まる

自然豊かな森町でのんびり読書をしながらおやつが楽しめる古民家カフェ。引き戸を開けガラス窓の美しい土間を奥へ進み、靴を脱いで上がると小上がりのエントランスが。その向こうには畳の喫茶室があり、時を刻む柱時計の音やすりガラスの障子からこぼれる光が優しく、まるで実家を訪れたような落ち着いた雰囲気が漂う。

目を引くのが喫茶室に並べられた本たち。エッセイや日記、旅行記などを中心に選書されていて自由に読むことができる。どんな一冊と出合えるだろうと心浮き立つこと間違いなし。読書家もそうでない人も本と過ごすかけがえのない時間を楽しんでほしい。

「お店を始めて驚いたのが本好きさんがこんなにいるんだ、と。一冊の本で話が弾んだり交流が深まったり、本を通じたコミュニケーションの場になれば嬉しいですね」と店主の多田恵子さん。販売用の新書やレターセットなど気の利いた雑貨もあるので気に入りを見つけてみて。

当時をしのばせる造りが懐かしく、靴を脱いで上がればおばあちゃんの家へ遊びに来たような感覚に。若い人には独特な空間が新鮮に映りそう

本と喫茶 畔

ホントキッサ ホトリ

玄関を入ると店主手作りの刺繍看板がお出迎え

周智郡森町向天方1238-5
☎非公開（問い合わせはInstagramにて）
営10:00～16:00　土日祝日は～17:00
休月、火、土、日曜（土曜・日曜は不定期で営業）　P6台
HPhttp://www.instagram.com/hontokissa_hotori
［テイクアウト］焼き菓子、ドリンク
［クレジットカード］不可　QR決済不可
［座席］テーブル9席　［煙草］全席禁煙
［アクセス］天竜浜名湖鉄道戸綿駅より徒歩15分、新東名高速森掛川インターより車で10分

RECOMMEND MENU

- ダブルチョコレート　500円
- バスクチーズケーキ　500円
- シフォンサンド　500円
- 畔ブレンド　500円
- プラナチャイ　600円

伊豆市湯ヶ島

浄蓮の滝のすぐそば！緑豊かなピクニックカフェ

上_店内でオーダー後、ドリンクやサンドイッチをお供に、店舗のすぐ隣に併設のピクニックグラウンドでピクニックを楽しめる。利用の際には、ホームページのpicnicのページをチェックするのがおすすめ
下_自家製ベーコンとキウィソースが相性抜群の「B.L.T」1,400円。カンパーニュはプレーンかブラックペッパーから選べる

天城の豊かな自然に囲まれた「pikiniki」は、スペシャルティコーヒーと本場仕込みのサンドイッチを楽しめるカフェ。落ち着いた雰囲気の店内のほか、店舗横のピクニックグラウンドで、緑を感じながらカフェメニューを味わえる。

カラフルな断面が目を引くサンドイッチは、7種類の定番メニューが揃う。素材やソースの組み合わせを試行錯誤し、今のラインナップにたどり着いたという。注文ごとに丁寧に作るため、いつでもできたてを味わえるのが魅力だ。天然酵母のカンパーニュから、ピーマンジャム、キウイソース、ベーコンまでこだわりの自家製。「スパイシーポーク」にサンドする豚肉は、韓国仕込みの特製ソースで漬け込んでグリルしており、本場さながらの味わいに仕上げている。

コーヒーは、ニュージーランド・オークランド発のロースタリー「Allpress Espresso」の豆を使用。独自の熱風式焙煎で仕上げた最高品質のコーヒーを、天城の清らかな水で丁寧に抽出する。サンドイッチもコーヒーも、ここでしか味わえない特別な一品。思わず足を伸ばしたくなる、そんな魅力にあふれたカフェだ。

1_店内もピクニックグラウンドも、1ドリンクオーダー制　2_コーヒーは、カフェモカ(710円)のほか、アメリカーノやブラックホワイト、キャラメルラテなどホット7種、アイス4種がある　3_カフェは天城湯ヶ島にある浄蓮の滝のすぐそば。天城の自然の豊かさを感じながら過ごせる

pikiniki

ピキニキ

伊豆市湯ヶ島2860-2館
☎0558-79-3532
営11:00〜16:00、土日祝11:00〜17:00
休水、木曜　P14台
HP https://www.pikinikicafe.com/
[テイクアウト]可
[クレジットカード]不可
[座席]テーブル12席、テラス22席
[煙草]全席禁煙
[アクセス]伊豆箱根鉄道駿豆線修善寺駅から東海バス天城線岩尾バス停下車すぐ。伊豆縦貫道月ヶ瀬ICから車で約15分

RECOMMEND MENU

- スパイシーポーク　1,350円
- わさびとサーモンクリームチーズ　1,750円
- スモークベーコンとピーマンジャム　1,500円
- フラットホワイト　660円
- ロングブラック　660円

裾野市

眼前の富士山に野鳥。心から安らぐ、森の隠れ家カフェ

テラスには餌箱が設置してあるので、野鳥が餌をついばむ姿が見られる。運が良ければ、リスが現れるかも？

しっかり食べたい人には、ケークサレのAランチ2,000円。ふわふわ生地にチーズとベーコンの旨み、野菜の食感が楽しめる。デザートがライスプディングというのも珍しい。

旅先を高原にするとき、求めるものは何だろうか。夏なら涼しさ、冬なら平地で見られない景色。いずれにしても、豊かな自然ではないだろうか。富士山の麓、十里木高原はまさにそんな大自然を満喫できる場所だ。

こちらのカフェは、ひっそりと木立の中に佇むログハウス風の建物で、2022年にオープン。名前の通り周囲は大自然に囲まれており、店内も木のリラックスできる空間が広がっている。高原のカフェといえば緑が美しいが、木々の葉が落ちる冬も冴えた空気の中の富士山が美しく、野鳥が遊びに来る様子もよく見える。

そんな中での食事はワンプレートランチで、サラダや副菜、スープ、プチデザートがつく。単品でもオーダーでき、お腹具合に合わせてチョイスできるのも嬉しい。メニューは全て手作りで、できるだけ地のものを使用しているそう。

すべてがナチュラルな森の隠れ家で、心から安らぐ時間を過ごそう。

1_木・金限定のネイチャーカレー1,700円はサラダ、デザート付き。たっぷりトッピングされたロースト野菜は地元産　2_店内のテーブル席。平地と10℃ほどの差があるため、夏は冷房なしで過ごせる。冬は薪ストーブが暖かい　3_しっとり食感のバスクチーズケーキ700円とレモネード700円。どちらも手作りで、レモネードのシロップは地元産のレモンだそう　4_富士山が正面にどっしりそびえ立つ展望テラス席。カフェが2合目と同程度の標高に位置するため、かなり近く大きく感じる

Nature café

ネイチャーカフェ

裾野市須山2255-756　☎055-953-9082
営11:00〜16:00　休火、水曜　P11台
HPインスタグラム　@naturecafejurigi
[テイクアウト]なし
[クレジットカード]可　QR決済可
[座席]テーブル8席、カウンター7席、テラス26席（混雑時は増席あり）　[煙草]全席禁煙
[アクセス]裾野インターより車20分、十里木二丁目バス停徒歩5分
[備考]冬季テラス席は状況によりクローズ

RECOMMEND MENU

- Bランチ（バゲット）　1,700円
- Cランチ（クロワッサン）　1,500円
- スープ500円
- ブレンドコーヒー　700円
- ハイビスカスティー　700円

静岡市葵区

スリランカ出身の店主が作る本場仕込みの絶品カレー

静岡市の山間部、山と茶畑の緑が織りなす藁科川支流の集落・水見色。スリランカ出身の坂本サジットさんが、市街地からそう遠くないにも関わらず、街中とは異なる景色と空気に魅力を感じ、ここで店を構えて11年になる。サジットさんはそれ以前から今も街中で「Sahiru17」という店を営み、さらに弁当配達までこなしており、その精力的な活動ぶりに圧倒されるばかりだ。「さじっとの家」は開店当初の建物から200mほど離れた古民家に移り、現在は庭に設えたステージでのライブなども開催している。

メインはなんといっても本場仕込みのカレー。スリランカカレー

ココナッツミルクをベースにしたオクラ、ジャガイモと、チキン、レンコン、ナスを盛りつけた「5種盛りカレー」1300円

は、皿の中央に盛ったごはんを囲むように数種類のカレーや付け合わせを盛ったもの。サジットさんのカレーもこのスタイルで、ミックススパイスの辛さがほどよく利きながらも、まろやかでパクパク食べ進められる。スリランカスイーツ「ワタラッパン」も見逃せない一品。

1

3

2

4

1_店主のサジットさん。「サジットさんのお茶カレー」というレトルトカレーも商品化し、新静岡セノバで販売されている　2_スリランカ式のプリン「ワタラッパン」400円。3種類のスパイスに卵とココナッツミルクで固め、沖縄産の黒糖で甘みをプラス。なめらかな口どけ　3_子連れでのんびりできる座敷席や縁側席もある店内　4_1日2500円で利用できるフリースペースもあり、打ち合わせやママ会などに利用できる　5_月に1度、庭で開催されるライブの様子。当日はサジットさんもカレーを振る舞う。イベントの告知はホームページで確認できる

RECOMMEND MENU

- **珈琲　400円**
- **紅茶　400円**
- **チャイ　450円**

さじっとの家／庭

さじっとのいえにわ

静岡市葵区水見色840　☎080-3284-7058
🕒11:00〜16:00　休月〜金曜　P10台
HPhttps://www.facebook.com/sajith.niwa/?locale=ja_JP
[テイクアウト]なし
[クレジットカード]不可　QR決済可
[座席]テーブル18席、座敷8席、テラス24席
[煙草]全席禁煙
[アクセス]新東名新静岡ICから車で約15分

5

周智郡森町

ゆるやかな時を刻む古民家で 香り高い珠玉のコーヒーを

3

4

1

2

1_遠州の小京都と呼ばれる森町のはずれ。築120年の素朴な古民家カフェは、知る人ぞ知る名店。厳選した生豆を焙煎し注文ごとにドリップするこだわりのコーヒーが味わえる　2_今月のお菓子「森のとうもろこしのテリーヌ（期間限定）」550円は、農業を営む店主の奥様が生産する森町の名産品・甘々娘を使用。とうもろこしの濃厚な甘みが広がる　3_黒光りする立派な梁が出迎える素朴な建物。クラシックが流れる空間で贅沢なひと時を　4_湯気と共に立ち上る香りで期待感いっぱいに。おいしいコーヒーの淹れ方も教えてくれるので気軽に訊ねてみて

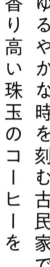

焙煎の奥深さに魅了された店主・早川直之さんが質の高い生豆をハンドピックし店内の焙煎機でロースト。その日の気温や湿度に合わせて火力や火入れ時間を判断し、焙煎後は再びハンドピックで良質な豆だけを拾う。その後カッピングと呼ばれるテイスティングを行いコーヒーの風味を評価、判断する。「生産国や農園、その年の出来など様々な違いがあるので美味しさを引き出すのは難しいですが、豆の持つ最も適切な味を表現したい」と焙煎への熱意を語る早川さん。その熱意は淹れ方にも。注文ごとに豆を挽き、湯の温度、蒸らしや抽出時間など緻密に計算して淹れてゆく。豆の個性を引き出すための努力を惜しまないこだわりの一杯が、コーヒー好きを惹きつけてやまない。

ノスタルジックな雰囲気が懐かしい古民家をコーヒーの豊かなアロマが包み込む…そんな温かな空間も魅力の一つ。コーヒーにぴったりのお菓子もあるのでチェックしてみて。

5_浅炒りから深炒りまで様々ある炒り方で、甘み、酸味、苦み、コクなどコーヒーそれぞれの風味の違いを日々研究しながら引き出している 6_定番の豆から稀少なスペシャリティコーヒーまで15種類ほどが揃う。写真は「グアテマラ　ラ・ソレダ ゲイシャ ウォッシュド（限定）」1杯1,000円

地元の老舗そば製粉所直営「森のそば粉屋さん」の人気商品「そば粉のドーナツ」280円。7割がそば粉のため栄養価が高く、焼いているのでとてもヘルシー

自家焙煎珈琲屋 百珈

ジカバイセンコーヒーヤ モカ

周智郡森町問詰610-1　☎0538-85-0866
営10:00〜18:00　休金曜　P5台
HP https://coffee-roaster-moka.shopinfo.jp
[テイクアウト]コーヒー、コーヒー豆
[クレジットカード]可　QR決済可
[座席]テーブル8席、カウンター2席、テラス2席
[煙草]全席禁煙（外に喫煙スペースあり）
[アクセス]新東名高速遠州森スマートICより車で10分
備考／インスタでも情報発信中、ECサイトでコーヒー豆販売中

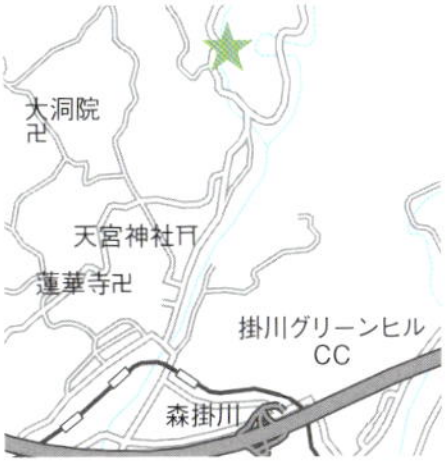

RECOMMEND MENU

- **各種コーヒー　1杯500円〜**
- **グアテマラ　ラ・ソレダ ゲイシャ ウォッシュド（限定）　1杯1,000円**
- **森のとうもろこしのテリーヌ（期間限定）　550円**
- **そば粉のドーナツ　280円**

島田市

緑の中、サウナで癒され羽釜で炊いたごはんに舌鼓

よく手入れされた古民家の佇まいに癒される「石畳茶屋縁－ｅｎ－」は２０２３年「みんなの居場所」をコンセプトに、カフェにサウナや図書スペースを併設してオープン。新東名高速道路や国道１号線からもアクセスが良く、ＪＲ金谷駅からも徒歩５分。坂道を上ると、青々とした木々に囲まれた「縁－ｅｎ－」に到着。少し街中を離れただけで喧騒から逃れ、到着した瞬間から全身がリラックスするのが分かる。

カフェで提供されるおいしいごはんは羽釜で炊いた森町のお米「にこまる」。人気メニューは「一汁一菜御膳」や「おにぎり御膳」など。予約制のサウナは貸切で、香

急な坂道を上ったところに眩い緑と共に現れるエントランス。

ばしいほうじ茶のロウリュが心地よく、友だちや家族と気兼ねなく楽しめる。1区画ごとにオーナーが違う棚がある図書スペースで、ゆっくり読書を楽しむのも素敵な過ごし方。老若男女が居心地よく過ごせる工夫があちこちにあって長居したくなる。

1

1_ヘルシーで人気のメニュー「一汁一菜御膳　国産豚ロース肉の蒸籠付き」。たっぷりの野菜と羽釜で炊いた白米をゆっくり味わいたい。 2_図書スペースには地元金谷の本も。仕事用のパソコンを持ってきて日帰りのワーケーションもできる。カフェが満席の時は、こちらでウエイティングすることも可能。 3_レトロな窓に囲まれた店内では、座卓で古民家の雰囲気を思い切り楽しめる。

4_キッズ向けのメニューもあるため、子ども連れでも、また祖父母と一緒に来ても楽しめる。縁側でゆっくり庭を見て過ごすのもおすすめ。

3

2

石畳茶屋 縁-en-

いしだたみちゃや　えん

島田市金谷坂町2482-1 ☎0547-39-3220
🕘11:00〜17:00　サウナは9:00〜18:30
休水・木曜　P30台
HP https://ishidatami-chaya.jp/
[テイクアウト]不可
[クレジットカード]可
[座席]テーブル6席カウンター5席
[煙草]禁煙
[アクセス]新東名　島田金谷ICより10分、国道1号線　大代ICより8分

RECOMMEND MENU

- 一汁一菜御膳
  豚もやしのせいろ蒸し付き　1,380円
  (一汁一菜御膳は980円)
- おにぎり御膳　1,180円
- 石畳団子　1,680円
- すべらず地蔵ぜんざい　580円

掛川市

丁寧が溢れる食と空間 文房具カフェで豊かな時を

1_konohiといえば「ピスタチオのレアチーズケーキ」520円。ピスタチオの香ばしさと酸味の少なめのチーズが相まって風味豊か。藤枝の自家焙煎「苑」の豆でハンドドリップする「konohiブレンド珈琲」550円とともに　2_「スープとパンのセット」880円。自家製スープは季節によって変わり、この日は玉ねぎの甘さが広がるオニオンスープ。山ぶどうのブリオッシュと白いちじくのクリームチーズのプチパンを添えて。どれも丁寧に作られているのがわかる優しい味わい　3_ブックカバーやペン、ノートやメモ帳の他、あまり見かけない海外や日本の文房具をセレクト。色味を抑えた店内に質の良い文房具が引き立つ　4_小学校の校舎で使われていた窓を生かした2階のテーブル席。うららかな陽光が居心地の良さを誘う　5_アイアンの階段が温かみのある店内を引き締めて。静けさと陰影がより際立つ。脇に並ぶのは古い本の数々　6_車の往来がある通りに面しながらも外の喧騒とは無縁。森の中の一軒家を思わせる静けさに包まれている

のどかな風景が広がる天浜線沿い、木立に覆われひっそりと建つのが吉川さん姉妹の営むカフェだ。長い年月を経た学舎のような建物の扉を開けると、背の高い本棚、黒光りする椅子やテーブルなど使い込まれた調度品がしつらえてあり、静けさの中に温かみ漂うシックな世界が広がる。そこに並ぶのは姉の暢子さんがセレクトする文房具たち。アンティークの一点ものや国内外のデザイン性の高いものなど映画のワンシーンで見かけるような素敵な出で立ち、独特の風合や存在感に惹きつけられる。

妹の育美さんが心を込めて作るパンやスープ、ケーキは地元素材や季節感をふんだんに織り込んだもの。シンプルながら滋味深い味わいが心をとらえて離さない。「今日この日を大切に」という想いから名付けられた「ｋｏｎｏｈｉ」には、食、空間、接客とそこかしこに吉川さん姉妹の丁寧が溢れている。日常から離れ丁寧な時間に身を置く〝この日の幸せ〟を感じたい。

1階には見ているだけでわくわくするステーショナリーのコーナーが。その奥には柔らかな木漏れ日が差し込むカウンター席があり、一人時間をゆったりと満喫できる

Stationery cafe konohi

ステーショナリーカフェ コノヒ

掛川市細谷535-1　☎0537-26-1036
営12:00～18:00　休月曜・火曜　P10台
HP http://www.instagram.com/stationerycafekonohi
[テイクアウト]可(パン単品以外すべて)
[クレジットカード]不可　QR決済可
[座席]テーブル20席、カウンター8席
[煙草]全席禁煙
[アクセス]新東名高速森掛川ICより車で7分、天竜浜名湖鉄道「いこいの広場駅」より徒歩3分

RECOMMEND MENU

- スープとパンのセット　880円
- ピスタチオのレアチーズケーキ　520円
(ドリンクとセットで50円引き)
- konohiブレンド珈琲　550円

「ながくまオージャスプレート」2,600円、選べるデザートとドリンク付き。ゆず塩、ゆず味噌、ゆずこしょうドレッシングなどの調味料、自家製味噌の味噌汁と、地の味覚をふんだんに活かす

静岡市葵区

オクシズの山里カフェで滋味深い手料理に癒されて

静岡市の山間、通称〝オクシズ〟で安倍川支流部にあたる玉川地区。口坂本温泉方面へ、細い山道を奥へ奥へと進むと、長熊という小さな集落がある。その集落の一角、深い山の緑と川の流れを目の前にたたずむ「満緑カフェ」は、長熊出身の河合舞さんとご主人の店で、カフェと手作り雑貨、民泊まで切り盛りしている。アーユルヴェーダのセラピストでもある舞さんのサロンも併設、女性限定でトリートメントを受けられる。

懐かしい雰囲気の古民家で楽しめるのは、地元の食材を活かした、手間暇を惜しまずに心をこめた手料理。舞さんの祖父母が育てたゆずを使った発酵調味料であっ

1_縁側の向こうに設えたウッドデッキからの眺め　2_オクシズ・清沢レモンのパフェと自家製いちごジャムをアクセントにしたレモンソーダ　3_テーブルに縁側席、座敷席などさまざまな要望に応えられる設え。冬はこたつ席も。店内の装飾にも庭で採れる植物がそこかしこにあり、季節を感じられる　4_店主の河合佑弥さん・舞さん夫妻。舞さんのサロンは平日のみ完全予約制、詳細は要問い合わせ　5_1日1組限定で田舎の古民家体験ができる民泊施設も併設　6_舞さんの母直伝、自家製味噌を隠し味に使用したメンチカツは特に人気。ランチに付く一品で、+50円でチーズ入りも可（数量限定）

満緑カフェ

みりょくカフェ

静岡市葵区長熊1508
☎080-1581-4853
営11:00～16:00　休月～金曜　P7台
HP https://miryoku-cafe.shopinfo.jp/
[テイクアウト]なし
[クレジットカード]不可　QR決済不可
[座席]テーブル12席、座敷5席、テラス4席
[煙草]全席禁煙
[アクセス]新東名新静岡インターから車で約25分

たり、地域で栽培されている古代米であったり。あたたかみのある空間で味わう「ながくまオージャスプレート」は、オージャス＝元気の源というその名の通り、体にも心にも元気を与えてくれる。里山の空気と滋味に富んだ〝田舎ごはん〟をのんびり満喫して。

RECOMMEND MENU

- 玉川紅茶　650円
- 季節のパフェ　600円
- 満緑メンチ　300円

フレンチトーストは卵液をたっぷり含み、ぷるぷる食感。厚切りパンでボリュームがあるが、甘さ控えめなのでぺろりと食べられてしまう。単品990円、セット1,848円

熱海市

築80年の古民家カフェで旅先モーニングはいかが？

静岡県の一大温泉観光地・熱海では、街歩きの楽しみのひとつにカフェ巡りがある。

こちらは、喧騒を離れた住宅地に佇む築80年の古民家を、欄間や木枠のガラス戸など古いものを活かしながらリノベーション。タイプの違うエリアで、和風の庭を眺めながらくつろぎの時間が過ごせるカフェだ。畳の部屋は間接照明が古民家の風情をより醸し出す。ホール風フローリングは対照的に明るく、ウッディでモダンな雰囲気だ。あたたかみのある空間では、手作りにこだわったフードを提供。カフェの定番カレーを始めとし、スイーツも固めプリンなど、流行りのものというよりはどこと

1_坪庭を臨む和室はスリッパを脱いで。窓辺には深く腰掛けられるハイバックチェアがあり、いつまでもくつろいでしまいそう　2_ハンドメイドアクセサリーやオリジナルの雑貨なども販売。ディスプレイもシック　3_しっとりした軽い口当たりのレモンチーズケーキ770円は熱海産のレモンを使い、クリームチーズにさわやかな酸味が加わる。オリジナルブレンドのコーヒー638円はハンドドリップ　4_季節の花が彩る立派な門。重厚さが歴史を感じさせる

RECOMMEND MENU

- 野菜とたまごのサンドイッチ 単品990円、セット1,738円
- はちみつバタートースト 660円
- 大人のお子さまランチセット 2,090円
- 大人のプリン　638円
- ハニーレモネード　715円

古民家カフェ　haru.

こみんかカフェ　ハル

熱海市桜木町11-3
☎0557-35-9095
⏰9:00〜18:00　休金曜　P6台
HP https://cafe-haru.com/
[テイクアウト]品物により可
[クレジットカード]可　QR決済可
[座席]テーブル26席　[煙草]全席禁煙
[アクセス]熱海駅から車で7分、小嵐バス停徒歩3分
[備考]お一人様ごとにワンドリンクオーダー制、モーニングメニューは9〜11時限定

なく懐かしいメニューが並ぶ。
そしてなんと、モーニングがいただける。サンドイッチやクロックムッシュなど、朝食にぴったりの品々だ。オリジナルブレンドのコーヒーともよく合う。温泉に泊まって、翌日カフェで朝食をいただくなんて、旅ならではの贅沢なひとときになりそうだ。

静岡市駿河区

たわわに実る農園カフェで南国果実・ジャボチカバを堪能

丸子宿から焼津方面へ向かう国道を脇へ少し入った場所にある、山と茶畑に囲まれたビニールハウス。ここは創業１００年を超える西川農園のビニールハウスで、観光農園兼カフェとして日曜のみ開放している。西川農園は代々、お茶やミカンの生産に励んできたが、このビニールハウスで育てているのは、南米原産のフルーツ・ジャボチカバ。見た目は巨峰やライチに似ており、幹に実がなる。味も巨峰を思わせるもので、そのまま食しても十分な甘さと酸味がある。観光農園として、一カップ５００円で摘み取り体験もできる。

カフェメニューはこの果実を活

まず味わってほしい一品がこちら、ジャボチカバ100%のジュース。ポリフェノールたっぷりの栄養分と甘みいっぱいのエキゾチックな味わい。500円

かしたサンドイッチやスイーツが中心。パンは国産小麦と天然酵母を使用した自家製で、ジャボチカバ以外の素材も上質と手作りにこだわっている。カフェスペースは温室なので寒い時期でもポッカポカ。南米の植物に囲まれた緑いっぱいの空間で、週末をのんびり過ごしてみてほしい。

1_ジャボチカバは開花後30～40日で実がなるため、年間を通して提供している。果肉はブドウや完熟のバナナのような香り　2_月替わりのフードメニュー「今月の農園セット」一例。ジャボチカバを練り込んだ自家製パンに無添加ベーコンと玉子を挟んだサンドイッチ　3_ビニールハウス内にはジャボチカバだけでなく、バナナやアボカド、コーヒーなど温かい地域で育つ植物もいっぱい　4_カフェメニューは数に限りがあるので、不安な場合は電話予約がオススメ

農園カフェ Cafe Jaboticaba

のうえんカフェ カフェジャボチカバ

静岡市駿河区丸子6253-1
☎090-7605-3491
営毎週日曜10:00～17:00　休月～土曜　P7台
HPhttps://cafejaboticaba.com/
[テイクアウト]可
[クレジットカード]不可　QR決済不可
[座席]テーブル8席、テラス約30席
[煙草]一全席禁煙
[アクセス]JR静岡駅よりバス中部国道線藤枝行きで約25分、赤目ヶ谷バス停より徒歩10分

「ドライジャボチカバとナッツの生キャラメルタルト」600円

RECOMMEND MENU

- ジャボチカバレアチーズケーキ 500円
- パッションショコラのタルトレット 550円
- 本日のコーヒー 450円

駿東郡小山町

登録有形文化財のカフェで アンティークと過ごす

周囲を青々とした自然に囲まれた、豊門公園の中にあるカフェ。国の登録有形文化財にも指定されているクラシカルな建物は、かつて富士紡績のゲストハウスとして使用されていたものだそう。歴史の趣きと自然の豊かさが調和する特別な空間では、コーヒーや紅茶、モクテル、地元食材を活かしたフードメニューを味わえる。

　コーヒーは、御殿場市にあるごてんば焙煎館がローストした豆を使用。オリジナルのカフェオリジナルブレンドのほか、スペシャルティコーヒーの用意もあり、こちらはノリタケ製のアンティークのカップで提供する。カップのなかには100年の時を超えたものも

本日のパスタ1,000円～は3種類を用意。「金太郎マスとほうれん草のクリームパスタ」1,300円は、小山町にある須川フィッシングパークが育てたマスを使用

あるという。フードメニューには、パスタやホットドッグなどの食事メニューのほか、パフェやケーキなどのスイーツの用意もある。

カフェに置かれたピアノは自由に弾ける。このピアノで演奏するのを楽しみに、カフェを訪れる人も少なくないそうだ。

木々に囲まれた歴史ある空間で、静かな時間を楽しみながら、心と体をゆるめていく。そんな贅沢なひとときを過ごせる場所だ。

1_「ホットドッグプレート」1,000円は、小山町にある茅沼ベーカリーのパンに、御殿場にある渡辺ハム工房のソーセージを挟んだホットドッグとオリジナルソース、サラダ、ピクルスがセットになっている　2_人気の「クランベリーチーズケーキ」500円はコーヒーとの相性抜群。「スペシャルティコーヒー」は1,000円〜　3_クラシカルな佇まいの店内で、ゆったりと静かに過ごせる　4_建物は、変化に富んだ瀟洒な洋風建築。この建物の1階にカフェがある。周囲には小山町の豊かな自然が広がる

和風の「豊門パフェ」1,100円は、小山町にある丸中わさび店のワサビ最中が添えられている

豊門カフェ

ほうもんかふぇ

駿東郡小山町藤曲142-7豊門公園西洋館
☎0550-70-7222
🕘10:00〜17:00（LO16:30）、土日10:00〜20:30（LO20:00）
休火・水曜　P30台
HP https://homon-park.com/
[テイクアウト]可
[クレジットカード]可
[座席]テーブル席20席、テラス席4席、カウンター4席　[煙草]全席禁煙
[アクセス]東名高速道路足柄スマートICから車で約14分、JR御殿場線駿河小山駅から徒歩約25分

RECOMMEND MENU

- ガトーショコラ　500円
- シフォンケーキ　450円
- 珈琲ゼリー　450円
- カプチーノ　550円
- 豊門ローズ（モクテル）　650円
- コーヒー（フラットホワイト／ロングブラック）　660円

焼津市

風情豊かな山村集落「花沢の里」でホッと一息

静岡県で唯一「伝統的建造物群保存地区」に指定されている焼津市の山村集落・花沢の里。国道や市街地からそう遠くないにも関わらず、奈良時代から残る東海道の風景は、昔にタイムスリップしたような趣を感じさせる。満観峰へつながる登山道の自然に調和した木造の古民家群、それを支える石垣、花沢川のせせらぎ。ハイカーに人気のコースとなっているのもうなずける。

集落の一角にたたずむカントリーオーブンは、古い蔵や軒先を活かして営んでいるカフェ。木々の葉擦れの音や小鳥のさえずりに癒されながら、この山で育った柑橘類を使用したケーキ、コーヒー、

焼き菓子の無人販売からスタートして約30年、少しずつ改装を進めて今の形になった

ハーブティーなどを楽しめる。2024年にはカフェスペース上階にある屋根裏を改装し、小さな本屋さん「やねうらｂｏｏｋｓ」として併設。本の販売だけでなく、子どもから大人まで夢中になれる塗り絵グッズもある。ひっそりとした隠れ家で過ごす心地よさを満喫したい。

1_焼き菓子やドリンクがリーズナブルなのも嬉しい。写真は花沢で採れるレモンを使用したケーキ（200円）と紅茶（400円）　2_普段入る機会のない屋根裏を活かした空間は、まさに隠れ家といった雰囲気。セレクト本は購入すればその場で読める　3_登山道に面した心地いい特等席。なまこ壁の蔵を活かしたカフェスペースもある　4_雑貨コーナーには木工雑貨のほか真鍮の一輪挿しやカトラリーなどの手作り雑貨もならぶ

3

4

2

店の改装を手掛けている水島建築の職人作、コンセント不要のスマホスピーカー。2,500円

庭カフェ&やねうらbooks カントリーオーブン

にわカフェアンドやねうらブックスカントリーオーブン

焼津市花沢18　☎080-5139-3670
⏰10:00～16:00（LO15:30）
休 不定休　P 花沢の里観光駐車場利用
HP @countryoven_niwacafe
@yaneura_books
［テイクアウト］あり
［クレジットカード］不可　QR決済可
［座席］テーブル16席、テラス8席
［煙草］全席禁煙
［アクセス］東名焼津ICから車で約15分

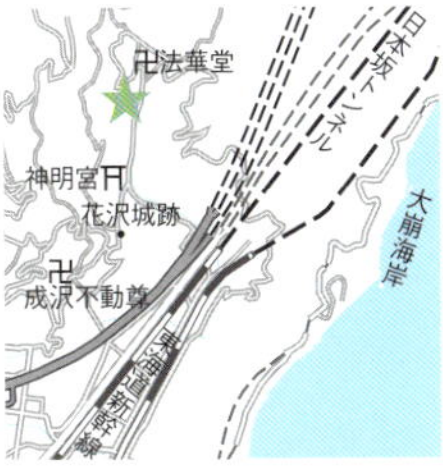

RECOMMEND MENU

- おやつセット　800円
- ハーブミックスティ　400円
- クリームブリュレ　200円

榛原郡川根本町

厳選メニューを味わい、足湯で気軽に名湯にトライ

ふらりと立ち寄ってみたくなる外観。遊歩道の入り口に付近にある。

静岡県中部、大井川を北上した先にある寸又峡温泉は、時間をかけて行く価値のある美しい山あいの集落。「晴耕雨読ヴィレッジ」は、中でも人気スポットの「夢のつり橋」へと続く遊歩道の手前にある。ゲストハウスと足湯カフェの二つの顔を持つため、宿泊してゆっくり寸又峡を散策するもよし、日帰りのショートトリップで足湯カフェを利用するのもまた、一つの楽しみ方。足湯カフェはワンドリンクオーダー制で、美人の湯と名高い寸又峡温泉を気軽に試すことができ、温泉街や山道を歩いた後はまた格別な気持ちよさが味わえる。

カフェで提供されるメニューで特に人気はグルメバーガー。八ヶ岳の有名店に学んだその味わいには、観光客のみならず地元のリピーターも多いそう。自然に囲まれ、丁寧に作られたメニューをゆっくり堪能していると時間が経つのも忘れてしまう。道に面してスタンドがあるオリジナルジェ

1_評判のグルメバーガーは八ヶ岳の人気バーガー店「バックカントリーバーガーズ」とのコラボレーションが実現したもの。これを目当てに出かけたい。 2_足湯は寸又峡温泉の泉質の良さを知っているオーナーが「ぜひ気軽に味わってほしい」と始めた。自家製のジンジャーエールはドライすぎず甘すぎず、風味豊か。3_時間制で温泉の貸し切りも行っているのでお問合せを。

ラートは、川根産の柚子を使ったさっぱり系から栗、ミルクのこっくりしたものまで、いろいろなフレーバーがあって迷うのも楽しい。春から秋の週末・祝日だけオープンする晴耕雨読ヴィレッジ。ぜひブックマークしたい素敵なお店だ。

晴耕雨読ヴィレッジ

せいこううどくヴィレッジ

静岡県榛原郡川根本町千頭375
0547-59-2333　11:00～17:00
休月～木曜日　※冬季休業
P寸又峡温泉駐車場を利用
HPhttps://seikou-udoku2012.com/
[テイクアウト]可
[クレジットカード]不可　QR決済可
[座席]23席　[煙草]全席禁煙
[アクセス]新東名島田金谷ICより90分、静岡駅より国道362号線、県道77号線で90分

ジェラートのトッピングのあられは東京の老舗、金時せんべいのもので実はオーナーのご実家だそう。香り高いコーヒーは一杯ずつ挽きたてを提供。

RECOMMEND MENU

- **グルメバーガーセット　1,550円～**
- **あられジェラートセット**
  シングル 1,000円　ダブル 1,100円
  (テイクアウトS400円、W500円)
- **オリジナルブレンド珈琲　600円**
- **オリジナルジンジャーエール　650円**

掛川市

森林浴も楽しめる 大池公園内のお茶カフェ

深蒸し茶の産地・掛川の製茶問屋「丸山製茶グループ」が営む日本茶専門店「きみくら」。製茶工場前にある「日本茶きみくら本店」を含め市内に3店舗、市外や県外にも店舗をもつ。上質な茶寮空間を意識した本店と比べて、きみくらカフェはカジュアルなたたずまい。緑豊かな大池公園内という立地を踏まえ、気軽に立ち寄れることを意識した、開放感ある雰囲気になっている。テラスにはリードフックも備えており、ペット連れでも利用できる。

コンセプトは「お茶とひとときのオアシス」。ラテ専用に特別焙煎した「きみくらの抹茶ラテ」をはじめ、自社製造の商品を活かし

濃厚なティラミスクリームに塩あん、特製抹茶アイスなどを盛った看板スイーツ「きみくらの抹茶パフェ」1000円。ドリンクとセットで1280円

た多彩なお茶メニューを提供している。一部のメニューはテイクアウトして公園で楽しむのもＯＫ。濃厚な抹茶づくしのパフェ、抹茶のティラミス、ガトーショコラなどの手作りスイーツを、掛川産の上質な深蒸し煎茶や和紅茶とともに堪能しよう。

1

1_数量限定、十穀米と月替わりのディッシュ、サラダを盛ったランチプレート1,350円。内容は月替わり　2.3_公園の緑に囲まれた心地よい空間。公園で過ごす人向けにレジャーシートや椅子の貸し出しもしている　4_「お茶とひとときのオアシス」をテーマにお茶と手間暇をかけたフードメニューを提供

RECOMMEND MENU

- きみくらの抹茶ティラミス　660円
- きみくらの抹茶ラテ　500円
- 季節の深蒸し煎茶　420円

きみくらで扱う茶葉やティーバック購入もできる

KIMIKURA CAFE

キミクラカフェ

掛川市大池2242-1(大池公園内)
☎0537-25-7744
🕙10:00～18:00(ランチは～14:00)
休年末年始
P「さんりーな」と共同(無料)
HP https://kimikura.jp/cafe/
[テイクアウト]可
[クレジットカード]可　QR決済可
[座席]テーブル8席、カウンター16席、テラス32席　[煙草]全席禁煙
[アクセス]東名掛川インターより車で約15分

2

3

4

浜松市浜名区

森の中の秘密基地でアンティークのお宝探し

細い山道を登っていくと、トムソーヤの冒険に出てきそうな丸太小屋が山の傾斜に建っていて、気分が高揚する。階段を上がると、それぞれウッドデッキのカフェスペース、アンティーク雑貨やDIY好きにはお勧めのガーデニング雑貨が無造作に並ぶスペース、作家の洋服やジュエリーのスペース、海外の看板や空き缶などがあるジャンクスペースなど階ごとに個性あふれる品が並び、まるで宝探しのようで楽しい。アンティーク雑貨はイギリス、フランスの物がメインで、中にはバカラ

1_階段を上がった高い場所にあるカフェスペースはオープンカフェになっているので木々が近く気持ちのよい空間。　2_「いちごのケーキ」400円と「珈琲」400円。珈琲は、オーナーが探し求めて出合ったこだわりの豆を使用したコクのある味わい。　3_スコップで畑を耕すところから始めたというオーナーの増田光男さん・逸美さん夫妻。　4_瓶入りの「ジンジャーエール」が嬉しい。ナッツ付き、400円。他にもコカ・コーラやフルーツジュースなども。　5_白のウッドデッキのテラス席は、愛犬家に嬉しいワンちゃん達とゆっくり過ごすことが出来るスペース。

4

5

やマイセンなどのお宝アンティークも。

ウッドデッキのカフェは、高い木々に囲まれ、まるでツリーハウスの中にいるよう。風の音や鳥の声に溢れ、森林浴をしながらゆったりできる。真夏の8月と冬12月〜3月は夏休み、冬眠としてお休みしているので、季節のいい新緑または紅葉の時期に行きたい。

RECOMMEND MENU

- 珈琲　400円
- ソフトドリンク　400円
- 三ヶ日みかんジュース　400円
- ケーキ各種　400円

バネバネの里

バネバネのさと

浜松市浜名区引佐町川名106-66
☎053-544-0188
🕘10:00〜17:00
休 月〜木曜（土日祝オープン）
P 30台
[テイクアウト]不可
[クレジットカード]不可
[座席]テーブル30席
[煙草]全席禁煙
[アクセス]新東名浜松インターor引佐インターより車で約15分

静岡市葵区

大正期に郵便局だった建物をカフェとして営業

大正から昭和の時代にかけて住居兼郵便局だった建物。ここを活かしてオープンしたオクシズ（奥静岡の略で静岡市の中山間地域のこと）の情報発信基地である「オクシズベース」。庭には池があり、梅や百日紅の木などが植えられ四季折々の風景を楽しみながらカフェ時間が過ごせる。こちらでいただけるのは、蒸籠で蒸した野菜を自家製の漬けだれにつけていただくヘルシーランチ。夏はかき氷を食べに訪れる人が多い。代表の冨田和政さんはオクシズ（奥静岡の略で静岡市の中山間地域のこと）の地域おこし協力隊として活動した後、現在はオクシズの魅力

発信を行う活動を行っている方。「オクシズの情報発信を行う基地でありながら、地元のものを食べられる場所にできたら。かつては郵便を届ける場所でしたが、今度は情報を届ける場所にできたらと思っています」と話す。

当時使われていた棚や近隣からの提供してもらった椅子などをリメイクし、昭和レトロな雰囲気に仕上げた。床はスギ、壁はヒノキのオクシズ産無垢材を使用。春になると、鳥たちがさえずり、自然の音をBGMにしながら過ごせる

1・2_「オクシズランチセット」1,500円。オクシズ産の野菜を、茶葉の旨みをうつしたポン酢や、梅干しと焼津のかつお節でつくったソースをつけていただく。春は山菜なども蒸籠に入る。黒米入りのご飯、お味噌も地元産にこだわる。わらび粉を使った手づくりわらび餅、玉川産のお茶もつく　3_「かき氷（静岡産いちご/静岡産抹茶）」800円　4_梅ケ島温泉へ向かう道中にある

RECOMMEND MENU

- クリームソーダ（メロン/いちご/梅とバタフライピー）　600円
- コーヒー　500円
- お茶（緑茶/和紅茶/ほうじ茶）500円
- お茶とおやつのセット　700円

オクシズベース

オクシズベース

静岡市葵区平野21　☎090-3552-7657
営11:00～16:00（ランチLO14:00、カフェLO15:30）　休月～金曜　P4台
HP Instagram @okushizubase
https://okushizubase.com
[テイクアウト]不可
[クレジットカード]可　QR決済可
[座席]テーブル15～20席　[煙草]全席禁煙
[アクセス]新東名高速道路新静岡I.Cから車で20分
[備考]12～2月の冬季は休業

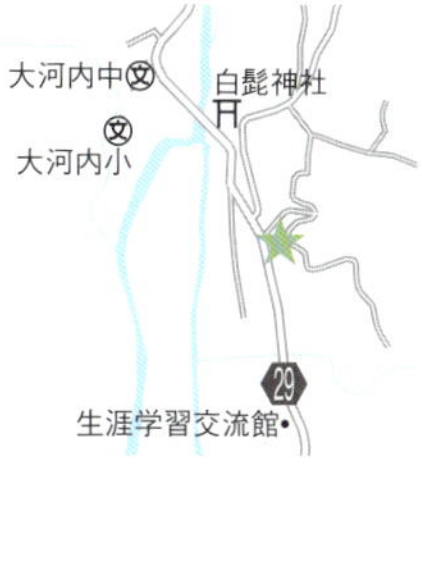

静岡市清水区

両河内の茶畑の中で過ごす

荒茶加工を行う茶工場の横に併設された、「ニガクナイコウチャ」の名前でも知られる和紅茶専門店。適切な温度と茶葉の量、蒸らしの時間など紅茶をおいしく淹れるには知識が必要と思うかもしれないが、こちらの紅茶はティーバックでも簡単においしく淹れられる。そんな手軽さもあって、個人販売はもちろん、カフェでも引き合いが多い紅茶だ。和紅茶を使ったさまざまなメニューを開発。和紅茶ソフトクリーム、パフェ、ヌーンティーセット、かき氷、フレンチトースト、ピザトーストなどがいただける（季節により異なる）。店内や外のテラス席でいただくのもいいが、ぜひ利用

テラス使用料は一人300円。休日の天気が良い日は予約しておくと安心。ピクニックバックを用意してくれるので、そこにドリンクやパフェを持って移動しよう。写真は「ストレートティー（Ice）」550円。氷も和紅茶でつくってあるので溶けても味が薄まらない。砂糖を入れることも可能だが、ストレートでいただくとほんのり甘味を感じるのでぜひそのままで

してほしいのが徒歩5分ほどのところにあるティーテラス。茶畑の真ん中に設置されたテラス席で、新緑が美しい春、夏になるとパラソルが設けられ木陰をつくる。秋や冬になると、少し肌寒くはあるが青空が広がり、澄んだ空気にまた茶畑が映える。特別な時間を満喫しよう。

1_天井にはなんと障子を再利用したものが飾られている　2_「ペアリングティープレート」1,800円。お好きなお茶2種に、スコーンや焼き菓子、和紅茶ソフトがセットになったヌーンティーのセット

3_20種類のお茶を展開しうち紅茶は16種類。料理やスイーツとのペアリングや、ミルクに合うもの、スモーキーな後味など、スタッフと話しながら好みのテイストを探すのも楽しい。国産のベルガモットオイルを使用したアールグレイ、福岡県八女産のカモミールやレモングラスを使用したハーブティーも展開。ジャスミンティーは一般的には緑茶ベースのものが多いが、こちらでは和紅茶ベースでつくっている。素材にこだわり丁寧につくるからこそ生まれる新しい紅茶の味を堪能したい　4_「和紅茶ソフトセット」ドリンク+450円　5_「和紅茶パフェセット」ドリンク+1,000円。和紅茶ソフト、フルーツ、ブラウニー、シリアル、和紅茶ゼリー、和紅茶でひたしたタピオカで構成されている。ブラウニーは表面はパリパリ、レアチョコのような食感。紅茶ゼリーと合わせ、混ぜながらいただくと味の変化が楽しめる　6_夏には静岡産フルーツと和紅茶を合わせた茶氷も

GREEN∞CAFE

グリーンエイトカフェ

静岡市清水区和田島349-4
☎054-395-2203
10:00～16:00　休月、火、水曜　P6台
HPInstagram @green8cafe_official
[テイクアウト]可
[クレジットカード]可　QR決済可
[座席テーブル4席、カウンター4席、テラス12席　※茶畑に1組　[煙草]全席禁煙
[アクセス]新東名高速道路新清水いはらICから車で20分

RECOMMEND MENU

- フルーツティー（和紅茶/緑茶）660円
- ラテ（緑茶/ほうじ茶）660円
- フレンチトースト 1,650円（季節により）
- ピザトースト 1,200円（季節により）

抹茶ではなく、無農薬の川根茶の微粉末を使用してつくる「kawane茶ラテ」480円。苦味が少なくお茶の香りがたち、それにミルクの甘さが加わり、砂糖なしでもおいしいやさしい味。試行錯誤して配合したというだけあって、ぜひ飲んでほしい一杯

島田市

川根温泉への道中の立ち寄りスポット

川根温泉へ向かう県道63号線沿い。車を走らせていると茶畑の横に佇むカフェに気づく人も多いはず。店主の小玉さんが「地元でカフェをやりたくて」と始め、オープンして10年になる。週替わりのランチ、ガパオライスといったご飯メニューから、ラテ、ケーキ、焼き菓子などドリンクやスイーツも提供。地元の無農薬野菜などを使用したご飯は、お味噌汁がおいしくてほっとする。ケーキの味も本格的で、聞けば以前はカフェ併設の菓子店でケーキづくりを学んだというからその腕前に納得。「いっぷく茶処やませき」の広い駐車場内にあるため、立ち寄りや

5

3

4

1_お客さまによって訪れる時間帯がまばらなため、混み合うことは少なく、のんびり過ごすことができる　2_ワンちゃん連れのお客さまも多いそう。ワンちゃんのための雑貨やクッキーの販売も　3_「ガパオライス」1,000円。日本人にも食べやすい味付け。ご飯には地元産の赤米を配合、お味噌も川根産のもの　4_カフェでの販売で評判が高まり、島田駅前に「Ryunic backedsweets」という菓子店を2021年にオープン。現在、焼き菓子はそちらで製造したものを販売。塩バターサブレ、ざくざくコンフレークなどが人気　5_植物も好きという小玉さん。店内には、季節の植物やドライフラワーが飾られている

すい。ドライブの行きに立ち寄り、ご飯を食べ、そして帰りにテイクアウトのドリンクを買いにまた戻ってくるなど、往復で立ち寄る人も多いのだとか。また帰ってきたくなるような気持ちにさせてくれるほっこりとした場所だ。

「本日のケーキ」450円。写真はバスクドチーズケーキ。重い印象があるチーズケーキだが、こちらはクリーミーで甘すぎず、とろける食感。5～10月限定の「プリンアラモード」もおすすめ

Cafe TRUNK

カフェトランク

島田市川根町身成3533　☏080-8976-9636
🕙10:00～17:00　※ランチ11:00～15:00
(ご飯がなくなり次第終了)
休火・水曜　P3台　HP Instagram @cafetrunk
[テイクアウト]可
[クレジットカード]不可　QR決済可
[座席]テーブル4席、カウンター2席、テラス7席
[煙草]全席禁煙
[アクセス]新東名高速道路島田金谷インターから車で25分、大井川鐵道家山駅から徒歩25分

RECOMMEND MENU

- 週替わりランチ　1,000円
- TACOライス　1,000円
- ほうじ茶ラテ　480円
- 自家製シロップ
  (ジンジャー、クラフトコーラ、ゆず、レモン、梅など)
  ソーダ550円／ホット500円

全国発送の豆のオンラインショップもある。業務用コーヒーの相談にものってくれる。

浜松市中央区

散歩の途中に寄りたいスペシャルティ珈琲専門の自家焙煎店

緑豊かな四ツ池公園横に位置する、隠れ家的カフェ。珈琲の香り漂う店内は、白と木目を基調にした温かみのある心地の良い空間で奥に置かれた白い焙煎機がスタイッシュな雰囲気を醸し出している。

店主の藤森将裕さんは、単一農園で生産されるシングルオリジンのスペシャルティコーヒー豆のみを使用。コーヒーの抽出はハンドドリップとエアロプレスを豆の種類や焙煎度合いに応じて使い分けている。藤森さんのお勧めは、フルーティな香りが際立つアフリカ産の豆。店内で販売している自家焙煎の豆は、全て試飲が可能なので好みの味を見つけられる。月1

回、ベーグル、お菓子、本が並ぶイベントや年に数回ジャズライブなども行う。店内には、愛読家の藤森さんのおすすめの本が並び、静かな環境で読書タイムも満喫できる。

1_アメリカのDIEDRICH社製の白のスタイリッシュな焙煎機は、表面を焦がさず豆の芯までじっくり火を通し豆本来の味を引きだす優れもの。 2_お散歩途中にテラスで愛犬とコーヒータイムを楽しみたい。 3_珈琲豆のパッケージのカラフルな絵は全て藤森さんのお子さんが描いたそう。一人用の珈琲パック200円の販売もある。 4_藤森さん愛用のギターと愛読書が並ぶ。 5_「ツキイチベーグルとコーヒーの日」のベーグル。焼き菓子、ケーキ、ふるえほんなどの出品も。スケジュールはインスタでチェックを。

OORT CLOUD COFFEE

オールトクラウドコーヒー

浜松市中央区幸3-14-8
☎非公開
営火曜8:00～13:00、水曜～土曜12:00～17:00
休日曜、月曜　P2台
HPhttps://www.oortcloud-coffee.com/
[テイクアウト]ドリンク
[クレジットカード]不可　QR決済可(PayPay)
[座席]テーブル6席、カウンター2席、テラス10席
[煙草]全席禁煙
[アクセス]遠鉄バス「四ツ池公園入口」より徒歩8分

店名の由来になった天文学者のヤン・オールトの顔が入ったコーヒーカップ。イタリアのチンバリ社製のエスプレッソマシンで淹れた浅煎りの「カフェラテ」550円。

RECOMMEND MENU

- コーヒー　450円～
- カフェラテ　500円～
- コーヒー豆　800円～

浜松市浜名区

引佐の鎮玉の森に佇む コミュニティカフェ

浜松市浜名区の鎮玉（しずたま）地域の活性化に取り組むＮＰＯ法人ひずるしい鎮玉が運営している鎮カフェ。「ひずるしい」とは遠州弁で「まぶしい」を意味し、「鎮カフェ」という名称も公募し決定した地域に根差したコミュニティカフェ。移住促進や自然豊かな鎮玉地域の魅力を食を通して発信している。

ランチ営業日は、主に週末でさまざまな出店者が身体に優しい料理を提供する。例えば、出来るだけ体に負担をかけない養生食（ヴィーガン食）で玄米酵素を中心にした地元の野菜たっぷりのプレートや季節の薬膳カレーなど、ヘルシーなものばかり。ランチ営

子育て世代がほっと一息つく憩いの場になるよう、元々森の中にあったゲストハウスを改修しオープンした

業は月によって営業日や出店者が違うのでインスタグラムをチェックしてから出かけたい。また地域にゆかりのある出店者が集まる「体験型マルシェ　鎮(しず)の市」「野草講座」が開催されている他、「はじめての雑穀講座」「大人の絵画教室」の会場としても利用されている。

1_この日はオウム食堂が提供する「酵素玄米の養生プレート」1,450円。濃厚ポタージュに旬の差材を使用した体に優しいプレート　2_雑庫エキスパートの田光舞依子さんが主催する「はじめての雑穀講座」。この日は、血液の巡りをよくし、むくみにもお勧めの「もち粟(あわ)」を使った粟粥とそれに合う常備菜　3_ガラス張りで自然の移り変わりを楽しめる店内の様子　4_おはぎカフェは毎月第一土曜出店。引佐のお米を使用したクルミのおはぎなど約10種(出品者　燕 enn)200円の他、季節の野菜や果物を使用した甘酒ドリンク　5_酵素玄米・地元野菜で、安心安全なものでつくる小さなお弁当屋さん、GOJIAIきっちんは毎月第三土曜出店。酵素玄米プレート1,300円。チャイ500円。事前予約でテイクアウト可

鎮cafe~ Shizu Cafe ~

シズカフェ

浜松市浜名区引佐町四方浄33-10
☎080-5807-8034
営土曜日を中心に営業／営業時間は日によって異なる
休不定休　P10台
HPhttps://www.instagram.com/shizucafe_inasa/
[テイクアウト]季節の薬膳カレー／酵素玄米の養生プレート(オウム食堂＝予約のみOK)、「ココロ」を「カラダ」を整えるおはぎ各種(燕 enn)
[クレジットカード]不可　QR決済不可
[座席]テーブル10席／カウンター10席／テラス3席
[煙草]全席禁煙
[アクセス]新東名浜松いなさインターから車で5分

RECOMMEND MENU

- 季節の薬膳カレー(オウム食堂) 850円
- 酵素玄米の養生プレート(オウム食堂) 1,450円
- 「ココロ」を「カラダ」を整えるおはぎ各種(燕 enn) 200円～
- 玄米粉 シフォンケーキ アイス添え(GOJIAIきっちん) 600円

1

浜松市浜名区

自然豊かな山の麓の異国情緒溢れる古民家カフェ

3

2

4

明治23年に建てられた築130年以上の古民家をリノベーションした、外観からは予想がつかないオリエンタルな異国情緒が漂う店内。店主の鎌田夫妻が、東南アジアで買い付けた家具、洋服、雑貨が並び、色彩豊かなオリエンタル空間かと思えば、冬は縁側にこたつが並び、和のよさをもプラス。オリエンタルと和の相性の良さが意外性で満ちている。暖かい光が差し込む縁側からは、里山の風景が臨め、時間がゆっくりと流れてゆく。「いらした皆さんに忙しい日常から少し離れて、ここではゆっくりくつろいでいただきたい」とオーナーの鎌田千晴さん。日向ぼっこしながら時間を忘れて談笑したり、一人で読書やただただボーっとするのもいい。

ランチメニューは、ヨーグルトにしっかり漬け込みたっぷりのスパイスを入れたバターチキンカレーランチと日替わりカレー。三日かけて作る自慢の一品。

7

6

5

1_バターチキンカレーランチ(1ドリンク付き)1,780円　チャイはプラス100円　2_目の前の景色の素晴らしさと開放感がたまらない。テラス席は、愛犬もOK　3_店内にあるカラフルな「CHEVA(チェバ)」のワンピースはレンタルが可能で、写真撮影もOK。旅行気分で体験してみたい　4_黒髪のロングヘアでオーナーの鎌田さんもオリエンタルかつエキゾチックでお店にぴったりの雰囲気　5_冬でも縁側はぽかぽか、店内も暖炉ひとつで暖かい。縁側は人気の席なのでお早めに。週末は混み合うので時間のある時にでかけたい　6_東南アジアで買い付けたオリエンタルな服やサンダル　7_山の中腹に見える古民家　8_たっぷりのマンゴーがのった夏のメニューの「台湾風かき氷」1,100円、他にも珍しいプリン味のかき氷もある

8

オリエンタル雑貨+カフェOra

オリエンタルざっか+カフェオーラ

浜松市浜名区引佐町谷沢238-1
☎053-543-1670
🕐11:00〜17:00
休月曜、火曜(月に1, 2度日曜休み)
P15台
HPhttps://instgram.com/oriental_ora
[テイクアウト]ドリンク、夏季はかき氷
[クレジットカード]1万円以上で可　QR決済可
[座席]テーブル24席, テラス30席、こたつ8席
[煙草]全席禁煙
[アクセス]浜松いなさインターから車で3分

RECOMMEND MENU

- バターチキンカレーライス　1,780円(ドリンク付き)
- キャラメルナッツのタルトとバニラアイス　780円
- チャイ　780円
- オリエンタルレッド　780円

浜松市浜名区

南フランスの片田舎を想わせるローズガーデン

薔薇のアーチを潜り抜けると出迎えてくれるのは南仏風の建物と広いガーデン。薔薇の綺麗な季節の5、6月に訪れるとイングリッシュローズとオールドローズが咲き誇り見惚れてしまう。イングリッシュローズは品種によってさまざまな香りがあるが、オールドローズはいわゆる「薔薇の香り」が強い。ガーデンにはそれぞれの薔薇の優雅な香りに満ちていてうっとりさせられる。他にも大きなオリーブの木を中心に沢山の草花やアンティーク雑貨で細部まで丁寧に彩られたガーデン。薔薇の季節が終わる頃には、今度は白く可憐な紫陽花アナベルがお出迎え。

カフェメニューは自家製ケーキ

1

2

3

タイムから、カレー、ピザなどのランチまである。またカフェの別棟のギャラリーでは毎月イベントを行い、ジュエリー、水彩画、アロマ香水など様々な展示がある。薔薇の季節は混み合うので、時間のある日に余裕をもってゆっくり行きたい。

フランスの片田舎を思わせる店内。大きな窓からもガーデン鑑賞ができる。天気がよければオープンカフェ使用に。

1_鮮やかな色をした「ローズジュース」¥650は薔薇のエキス入りでブルガリアンダクマスローズの豊かな香りに癒される。ローズジャム付きの「ローズティー」¥600も。 2_薔薇の見頃は大体5月中旬。HPで要チェック。ガーデンのみ混み合う5，6月以外はペットの同伴がOK。ウェディングフォトの撮影場所としても利用可。 3_1番人気のピザ、「生ハム&モッツァレラチーズ」¥1,550。サラダ、コーヒーor紅茶付のセットは¥1,800。他にはアボカド&モッツアレラ、しらすなど。 4_オーナーがイギリスやフランスから買い付けした食器などアンティーク雑貨が並ぶ。センスのよい一点ものも多い。

4

La rose des Vents

ラ・ローズ・デ・バン

浜松市浜名区引佐町奥山671-1
☎053-528-445　🕒11:00～17:00
休火～金曜（5,6月は火～木曜、1,2,3,8,9月はクローズ、HPで要確認）　P20台
HP https://la-rosedesvents.com
[テイクアウト]ピザ、ケーキ
[クレジットカード]不可　QR決済不可
[座席]テーブル20席、カウンター5席、テラス20席　[煙草]全席禁煙
[アクセス]新東名引佐ICより車で約15分

RECOMMEND MENU

- ピザセット
  （サラダ、コーヒーor紅茶付）　¥1,800～
- カレー　¥1,350
- ケーキセット
  （コーヒーor紅茶付）　¥1,200
- ホット・アイスコーヒー　¥550
- ローズジュース（薔薇のジャム入り）　¥650

2

1

浜松市浜名区

上質な家具とスローフードを楽しめる北欧カフェ

北欧の雑貨、ファブリック、インテリアショップが立ち並ぶスローライフをテーマにした一万坪にもおよぶドロフィーズタウンの1番奥の小高い丘に立つカフェ。築70年の古民家を改装し、店内は、北欧の温かみのある照明器具と上質な家具が並ぶ。店内の椅子は、日本でも人気のYチェアやコロニアルチェアなどを使用。木の経年変化の趣も、座り心地も実際に確かめてから購入が可能。スタッフは、家具アドバイザーとしてライフスタイルに合った椅子や照明の相談にものってくれる。大きな窓からは柔らかい気持ちの良い光が差し込み、冬は薪ストーブの炎を見ながらまさにスローな時間を体

4

ドロフィーズキャンパス内に点在する可愛らしい白い小屋は、フィンランド語で「レイキモッキ」という子供用の小さな家。自然豊かなキャンパス内散策や店巡りなど一日中楽しめる。

4

3

感できる。
カフェメニューは、地産地消を目指し、自家菜園のハーブや地元の野菜を使用したスローフード。季節毎に変わる目新しい北欧スイーツは、人気の一品。フェアトレードの水出しコーヒーとご一緒に。

5

1_ライトーレ・クリントの幾何学的なデザインのプリーツシェードのライトは優しい光と滑らかな影を生み出しぬくもりのある空間に。 2_2Fのスペースは、チェアセレクトルームになっていて、ハンス・J・ウェグナーなど北欧の名作椅子が展示されている。座り心地を試すのもOKなので、自分に合った椅子を探すのも楽しい。 3_外を眺めながらソファ席でゆっくり過ごせる。週末は混み合うので待ち時間にはキャンパス散策を楽しみたい。 4_最寄りの都田駅を走る天竜浜名湖線の1車両のカーテンなどをマリメッコでプロデュース。都田駅も、ドロフィーズのファブリックで彩られカラフルな人気のスポット。 5_「木の子たっぷりスチームチキンのボスカイオーラ」 1,298円 ボスカイオーラとはイタリア語で「木こり風」を意味し、きのこをふんだんに使った一品。5種類のきのことチキンパスタは、トマトソースで。

自家製ドライレモンがアクセントの「リコッタとクリームチーズのベイクドケーキ」 858円は、しっとりしていて優しい甘み。

DLofre's Café

ドロフィーズカフェ

浜松市浜名区都田町2858 ☎053-525-9001
🕒11:00～17:00（食事LO16:00、ドリンク&スイーツLO16:30） 休火曜、水曜 P50台
HP http://www.dlofre.jp
[テイクアウト]不可
[クレジットカード]可 QR決済可
[座席]テーブル30席、ソファ12席
[煙草]全施設席禁煙
[アクセス]遠鉄バス「横尾」もしくは「都田車庫」より徒歩10分、天竜浜名湖線「都田駅」より徒歩15分

RECOMMEND MENU

- 木の子たっぷりスチームチキンのボスカイオーラ 1,518円
- 都田ガレット 1,518円
- リコッタとクリームチーズのベイクドケーキ 858円
- 水出しコーヒー 495円

水辺のカフェ

海の波音、川のせせらぎ。
その自然の揺らぎは、
聞いているだけで心が鎮まります。
晴れた日には、
そんな場所に出かけませんか？

場所：MARINE CAFE前

沼津市

the old bus

ジ・オールドバス

「旅」を終えたバスで過ごす、海辺のチルアウトタイム

人生を旅に例えることがあるが、このバスのバス生とでも言おうか、由縁を聞くとまるで旅のように感じる。

１９７９年製、元々は浜松で運用されていたバスが、横浜でバー店舗として30年登用。閉店ののち紆余曲折の末、１００キロの距離を６時間かけてやってきたという。そしてこの地で再生。海辺に静かに佇む姿は、長い旅を終えて余生を過ごしているようだ。

現在は、飲食店ではなく〝チルアウトスペース〟と位置付けられ

海と一体化するような水色のバス。天気によっては、海と空と富士山の青色コラボレーションが見られることも。

ている。チルアウトとは英語のスラングで、落ち着く、まったりするといった意味。予約してワンドリンク込みの利用料を払えば、時間内好きなように過ごせるのだ。旅好きなオーナー夫妻と話しこんでもいいし、浜に降りて波と戯れてもいい。

提供されるドリンクは、身体にも自然にも気遣ったものが多く、ほっとするやさしさ。海を眺めながらいただくうちに、ゆったりと心もほぐれていく。

バスの安住の地は、人も安らかに過ごせるのだ。

低い天井に木の床、重厚なカウンターが往時を偲ばせる。このバスが重ねてきた時間に想いを馳せる

2

1

4

3

5

1_ソルティードッグ風レモネード600円の塩はなんと自家製！レモンもシロップ漬けでそのまま食べられる。読書しながら過ごす、いい時間　2_バスの目線で海を眺めると、なんだかノスタルジックな気分になる　3_海辺に漂着した流木を薪として使用。手焙煎でじっくりと、20分ほどコーヒー豆と向き合う。在庫を作らないので、煎りたてを飲めることも　4_1日1組限定のキャンプ場も併設。宿泊してバスでのバータイムを楽しむのも素敵なひととき。ゲストハウスもオープン予定（2025年初夏ごろ）　5_流木コーヒー550円はフェアトレードでオーガニックの豆にも一仕事しているためか、焙煎度合いにかかわらず、この海のように穏やかな味

the old bus

ジ・オールドバス

沼津市西浦久料　☎なし
⌚10:00～21:00（予約時間に応じて変動）
休完全予約制のため不定休　P6台
HPhttps://theoldbus.net/
[テイクアウト]不可　[クレジットカード]不可
[座席]テーブル7席、カウンター7席
[煙草]全席禁煙
[アクセス]「若松海水浴場」バス停すぐ、伊豆中央道長岡インターから車20分
[備考]予約はHPからのみ。利用料は一人1000円（ワンドリンク込み。1000円以上のドリンクは追加料金あり）、１回２時間が目安。

RECOMMEND MENU

- 特製スパイスチャイ　600円
- 自家製ジンジャーシロップのカクテル各種（ノンアルコールあり）　850円
- 烏骨鶏卵のエッグノック　1,100円
- 自家製リモンチェッロ（ソーダ割・ストレート）　800円

（価格は2杯目以降の追加ドリンクの場合）

掛川市

しばちゃん Ranch Market

シバチャンランチマーケット

静かな山あいの牧場カフェ ジャージー乳のコクを堪能

掛川の北部、キャンプ場や温泉で人気の居尻地区。こののどかな山あいにある「柴田牧場」直営のカフェは、地元のみならず遠方からわざわざ訪れるファンが多い。人気の秘密は牧場でのびのびと育つ希少なジャージー牛の生乳を使った牧場スイーツの数々。ソフトクリームやヨーグルト、プリン、クリームパイなど多彩に揃っている。迷ったときは定番人気の「ソフトクリーム」、ソフトクリームとヨーグルトのいいとこ取り「ヨーグルトシェイク」を。どの商品も乳脂肪分の高いミルクの濃厚なコクと甘みが広がるが、あと味はすっきり。保存料や添加物を一切使っていないので素材そのも

のの味を存分に堪能できる。

　気候のいい春や秋はデッキや川沿いに設けられた席で過ごすのがおすすめ。川面を渡るそよ風や森の息吹に思わず深呼吸、ヤギやアヒルがくつろぐ姿にほっこり。オープンエアの爽快な空気に心がほどけ、清々しい開放感に満たされるはず。

ミルクの美味しさを味わうなら看板メニューの「ソフトクリーム」410円を。イチゴやブルーベリーなど季節のフルーツジャムをあしらった限定品も人気

1_木のぬくもりが温かみを添える店内　2_プリンやチーズなど乳製品の他、スティックシューやパイ、クッキーなど焼き菓子も評判　3_人懐こいヤギやポニー、アヒルなどかわいらしい動物が出迎えてくれる　4_緑茂る大きなシンボルツリー、原谷川のゆったりとした流れ。テラス席でくつろいだり、川べりへ降りて大自然も満喫しよう　5_地元で長く愛されている「しばちゃんちのジャージー牛乳」でおなじみの牧場カフェは、バーガンディー色のコンテナとジャージー牛のマークが目印。行楽シーズンは混み合うこと必至の人気店だ　6_カフェより徒歩数分、小さな橋を渡るとジャージー牛の放牧地と牛舎が見えてくる。自由に見学できるので散歩がてらどうぞ　7_平日限定10食限定のランチ「ジャージー牛乳カレー」1,100円。スパイスと濃厚な牛乳が合わさったカレーは香り高くまろやか。無農薬の自家製米とも好相性　8_「しばちゃんちのジャージー牛乳」を使った「食べるジャージーヨーグルト」210円や「飲むヨーグルト」250円、「カスタードプリン」330円など

しばちゃん Ranch Market

シバチャンランチマーケット

掛川市大和田84　☎090-2342-2725
営10:00～17:00　休火曜　P20台
HP http://shibachanchi.com
[テイクアウト]可(牛乳、プリン、ヨーグルトなど)
[クレジットカード]不可
QR決済可(PayPayのみ)
[座席]テーブル8席、テラス20席
[煙草]全席禁煙
[アクセス]新東名・森掛川インターより車で15分

RECOMMEND MENU

- **しばちゃんちのジャージー牛乳(ボトル900ml)　700円**
- **季節のソフトクリーム　460円**
- **コーヒー牛乳　240円**
- **なめらかプリン　360円**

5

8

6

7

静岡市清水区

'Ulalena

ウラレナ

リゾート気分で過ごす三保の海との時間

「'Ulalena季節のパルフェ」1,500〜2,500円程度（時価）。パフェはいちご、りんご、メロンなど旬の素材で提供。ほかに、三保松原の松葉を使用したクラフトビール「富士山羽衣麦酒」を使ったアイスも。ほかに地元三保でとれたバナナのアイス、久能山のイチゴ、ブルーベリー、柚子、季節のアイスクリームやジェラートとして4〜5種類登場する

三保の海水浴場目の前に位置し、目の前にはオーシャンビューが広がる。本格的なフレンチがいただけるレストランだが、ランチタイムのあとは土・日曜のみカフェとして営業する。Ｗｉｆｉ環境も用意されており、時間とともに変わりゆく海の景色を眺めなが

1

3

2

ら本を読んだりパソコン作業する人も。おすすめはダッチオーブンで焼き上げるダッチパンケーキ。表面はパリパリ、中身はふんわりしたパンケーキの生地で、トッピングを選べるようになっている。季節素材を使ったパフェは、チョコのテリーヌや酒粕のジェラートなど、フレンチレストランならではの手法を使ったパフェ。そのときに手に入る旬の素材でつくるので、訪れてからスタッフに確認を。夕暮れ時はまた海と空とのコントラストが幻想的で思わず見惚れてしまう。そんな時間帯はお酒を飲みながらアラカルトをつまむのも乙な時間が過ごせる。

1_「ウラレナダッチパンケーキ」980円〜。「ブラッターチーズ、パルマプロシュート、ルッコラ、メープルシロップ」「本日のさまざまなグリル野菜、じゃがいものタルタル、ポーチドエッグ」「三保サクラマスのスモーク、サラダ」といった使った食事系のものから、「フルーツの盛り合わせ、できたてアイスクリリーム」といったスイーツ系まで。+500円でスープ・デザート・ドリンク付きにもできる　2_1階がレストラン、2階がコンドミニアムホテルになっている　3_テラス席はペットもOK

6

5

4_ランチ時は満席になることもあるので予約がベター。ネット予約も可能なので、席だけ予約しておくと安心。ソファー席もあり　5_「'Ulalenaチーズケーキ」800円。写真は季節のフルーツとアイス、キャラメルのクリームなどが添えてあるが、日により内容は異なる　6_レストランやコンドミニアムのスペースを使って、会合や結婚式等が行われることも　7_建物の目の前が三保の海水浴場になっており、水上バスの乗り場のすぐ前。SUPやカヌー、釣りなどのマリンスポーツも可能。シャワー施設やバレルサウナも併設しているので、県外や海外からの観光客も多い

RECOMMEND MENU

- **ランチ　2800円～**
- **飲み物　500円～**
- **ディナーコース　7700円～**
- **本日のアイスクリーム・ジェラート　650円**

'Ulalena

ウラレナ

静岡市清水区三保2729
054-340-7330
ランチ11:00～15:30（LO14:30）、カフェ15:30～17:30（土・日曜・祝日のみ）、ディナー17:30～21:30（土・日曜・祝日のみ。LO20:30）
休 火曜　※平日の15:30以降はクローズ
P 14台　HP https://ulalena.jp
［テイクアウト］可
［クレジットカード］可　QR決済可
［座席］テーブル40席、テラス20席
［煙草］全席禁煙
［アクセス］JR静岡駅より車で30分、富士山清水港クルーズ水上バス「三保のりば」よりすぐ

4

7

静岡市駿河区

大人の癒し空間でカラダ喜ぶ旬野菜を味わう

旬野菜を煮たり焼いたり蒸したり、またはそのままで、玄米と一緒に盛った「日替わり野菜たっぷりプレート」。スープとミニパフェ、ドリンク付き3150円

静岡市を拠点にセレクトショップや飲食など多角的に事業展開している「ＳＥＬＥＣＴ ＥＹＥ ＣＯＭＰＡＮＹ」が営むカフェレストラン。駿河湾を一望する久能街道沿いの複合施設「ＵＭＩ」の一角で、ヨガスタジオとブティック、アロマショップと焼き菓子店を併設している。

人の外側を飾る衣服と、身体を整えるヨガ。その前に、カラダの内面から整えてほしい。という想いから、ここでは食材にとことんこだわり抜いた、旬野菜中心の料理を提供している。野菜は多品種の作物を自然農法で栽培している市内の榎本農園直送。米は自社農園で栽培した玄米を３日間発酵させた、もちもち感の強い寝かせ玄米を使用している。味噌や糠、酒かす、塩麹などの発酵調味料でやさしく味付けした旬野菜を盛ったプレートは、気持ちをイキイキとさせるパワーがある。シックで落ち着いた海辺の空間で、心とカラダのトータルケアを満喫したい。

1

1_「大人のための癒しの場」をテーマとした落ち着いた空間（小学生以下は不可）　2_オープンキッチンで開放的。グルテンフリーで白砂糖不使用、無添加の焼き菓子や自家栽培の玄米も販売　3_ヨガ教室は主に土日に開講。開講日はHPで告知。要予約　4_清水の老舗「トクナガコーヒー」のコーヒーゼリーに米粉のシフォン、井出牧場のミルクジェラート、濃厚プリンを乗せた贅沢な「プリンパフェ」。ドリンク付き2420円

3

2

4

スルガエレガントやみかんなど数種のフレーバーがある「クラフトジンジャーシロップ」1080円。地元の柑橘農家「青木農園」特注の「夏みかんマーマレード」1404円

UMI TABLE

ユーエムアイテーブル

静岡市駿河区大谷3-30-25
☎054-204-0462
営11:00〜17:00（土・日曜、祝日は〜18:00）、カフェレストラン利用〜16:00（土・日曜〜17:00）
休水曜　P15台
HP https://www.selecteye.co.jp/blog/umi_table/
［テイクアウト］あり
［クレジットカード］可　QR決済可
［座席］テーブル39席　［煙草］全席禁煙
［アクセス］東名静岡ICから車で約15分

RECOMMEND MENU

- **たっぷり野菜と2種の麹カレー（ミニパフェ＋ドリンク付）　2750円**
- **玄米粉のスコーンSET（ドリンク付）1925円**

三島市

源兵衛川のほとりで過ごす食事と会話を楽しむひととき

「水の都」と呼ばれる三島のシンボルである源兵衛川。その清流を目の前に望む「ディレッタントカフェ」は、アンティークな空間でゆったりとした時間を過ごせる特別なレストランカフェだ。

店内は落ち着いた照明とクラシカルな装飾が施され、20年の時を経て得た独自の雰囲気を醸し出す。対象的に、明るいテラス席では、透き通る川のせせらぎと緑に癒されながら、食事を楽しむことができる。時折、伊豆箱根鉄道の電車が走る風景も、テラス席ならではの魅力のひとつ。

ランチタイムには、地元の新鮮な食材を活かしたコース「好事家

テラス席のすぐ目の前を富士山の湧水が流れる。清流の音と木漏れ日に包まれる贅沢なひとときを過ごせる

のランチ」を味わいに出かけたい。前菜、主菜のコースにドリンクがセットになっており、主菜は好みの一品を選ぶ。三島野菜や長泉町のもち豚、沼津周辺で育つあしたか牛など、地元食材をふんだんに使った料理とソムリエが選んだナチュールワインとともに会話を楽しむひとときは、ここでしかすごせない贅沢な時間。

水の流れる音に包まれながら、世俗から離れてゆったりと、大人の時間を満喫したい。

1_壁一面に飾られたヴィンテージプレートや絵画、温かみのある照明が織りなす、落ち着いた雰囲気の店内。レトロな調度品や本などに囲まれた至福のひとときを　2_ディレッタントカフェは、源兵衛川の自然と四季の移ろいを感じられる特等席　3_「好事家（ディレッタント）のランチ」2,800円～。前菜の盛り合わせと主菜、ドリンクがセットになっており、選ぶ主菜で価格が変わる。写真は「沼津港より 鮮魚のロースト 魚介のクリームソース」。沼津魚問屋から直送の新鮮な魚介を使用する。

RECOMMEND MENU

- 本日のデザート　440円
- ワイン（カラフェ）　2200円

#dilettante cafe

ディレッタントカフェ

静岡県三島市緑町1-1 1階
☎055-972-3572
🕘11:30～17:00（LO16:00）
土11:30～16:00、18:00～21:00
休月・火曜
HP https://www.dilettantecafe.com/
［テイクアウト］不可
［クレジットカード］可
［座席］テーブル席16席、テラス席6席
［煙草］全席禁煙
［アクセス］伊豆箱根鉄道三島広小路駅から徒歩約3分

伊豆市

リトリート気分でくつろげる 川床グリーンカフェ

お点前セット1500円は、自分でお茶を点てられる。点て方の案内もあるので初心者でも安心だ。手を動かした分、一段と美味しく感じる

伊豆の山あいの温泉地は、ゆったりと保養したい人が訪れるエリアだ。緑が多く、喧騒もない。自然に身を委ねられる場所。

そんなロケーションにあるこちらのカフェは、2024年に10周年を迎え、新設エリアもできた。屋根付きのテラスで、壁はあるが扉がなく、風が吹き抜け澄んだ空気を直に感じられるつくりだ。川床として人気のテラス席はすぐそばを川が流れ、木洩れ陽が反射する水面や鳥のさえずりが感覚を刺激し、リトリートに来たかのよう。

自然の中でいただくのは、自然なものがいい。こちらのメインメニューの抹茶は、静岡産の抹茶。合わせる甘味は、丁寧に手作りされた独創的な生菓子。季節に合わせた2～3種が週替わりで用意される。

自分でお茶を点てることもできる。茶筅を動かし、無心になるひととき。清流のせせらぎや木の葉の擦れる音に耳を澄まし、お茶を一服すればこの上ないくつろぎの時間となるだろう。

1_カフェのメインエリアとも言える、川沿いのテラス席。冬はストーブが用意される　2_白い壁に緑が映える。テーブルセットも極力シンプルに、自然が主役となる空間　3_アプローチと川床をつなぐ場所で、テラスと室内の良さを兼ね備えたテーブル席　4_抹茶パフェ1200円。抹茶尽くしのパーツに加えて栗の甘露煮、最中、小豆などが加わり、まるで和菓子だ。白玉やパフで食感の変化もある

CHAKI CHAKI

チャキチャキ

伊豆市吉奈5-1　☎0558-85-0888
⏰11:00～15:30（LO15:00）
休日～火曜　P20台
HPchakichaki.jp
［テイクアウト］ドリンクメニュー可
［クレジットカード］不可　QR決済可
［座席］テーブル20席、カウンター5席、テラス32席　［煙草］全席禁煙
［アクセス］吉奈温泉入口バス停から徒歩7分、伊豆中央道月ヶ瀬インターから車5分

RECOMMEND MENU

- **本日の和菓子と抹茶のセット　1,000円**
- **本日の和菓子とコーヒーのセット　1,000円**
- **抹茶パフェ　1,200円**
- **お点前セット　1,500円**
- **特製あんみつ（緑茶つき）1,400円**

沼津市

クラフトコーヒーを味わい、海の水面を見つめるカフェ

戸田（へだ）は三方を山に囲まれ海に面し、ここを目的にしないと辿りつかない、隠れ里のような場所。

そんな地域にあるこちらは、インドの詩人・タゴールの詩にインスパイアされその名を冠した、ホステル&カフェバー。民宿をリノベーションした建物で、旅人のみならず地域住民の交流の場にもなるようラウンジを常設した。堤防に面し、海を感じながら過ごせるロケーションだ。

特筆は、クラフトコーヒーロースタリーを有すること。伊豆と環境が似たエリアの豆を仕入れ焙煎。カフェでは豆から挽いて丁寧にハンドドリップし、豆本来の美

カフェ店内からもホステルからも海がよく見える。
時間の移り変わりが空の色で感じられる広い窓。

味しさを引き出している。フードやスイーツも、地のものを散り入れたこだわりの品々。
タゴール詩の一節「立って水面を見つめるだけでは、海を渡ることはできない」。行動しなければ始まらないということだ。海越しに富士山を望み、目の前に広がる戸田湾の水面を見つめ、コーヒーを味わうために、旅に出よう。

1_建物の海側がエントランス。ガラス戸には詩人・タゴールの横顔が描かれている。 2_ホステルの壁にあるアートは、ドリップバッグのパッケージになっていて全種類合わせるとこの絵になるそう 3_ホステルから車5分ほどの場所にあるロースタリー。桜の時期などは臨時でカフェ営業することもある、ハイセンスな工房だ。焙煎体験も行っている(要予約) 4_戸田のレモンを絞っていただく生レモンキーマカレー1000円。スパイシーながら、たっぷり野菜の甘味にレモン果汁で軽やかな味わい。修善寺の黒米使用で栄養価も高い 5_オリジナルローストコーヒー550円は数種類用意され、焙煎度など好みで選べる。オーガニックバナナブレッド500円は有機スペルト小麦を使いもっちり感あり、食べ応えも充分。

RECOMMEND MENU

- **タゴールスパイスタコライス 1,000円**
- **西伊豆塩鰹のお茶漬け 1,000円**
- **クラフトビール 750円～900円**
- **橘バニラアイス 500円**
- **焼き菓子 200円～**

Tagore Harbor Hostel／Archipelago Roastery

タゴールハーバーホステル／アーキペラゴロースタリー

沼津市戸田321-17(ホステル)
沼津市戸田1588-3(ロースタリー)
☎070-3247-3697(ホステル)
🕐11～22時(日によって変動) 休不定休
営業日時はSNSで要確認 Ⓟあり
HPhttps://www.tagorehostel.jp
https://archipelago-r.com/
[テイクアウト]ドリンク可
[クレジットカード]可 QR決済可
[座席]テーブル16席、カウンター2席
[煙草]館内禁煙(外で可)
[アクセス]バス停「戸田」から徒歩1分、沼津駅から車で約1時間

熱海市

海を見下ろし、美味しいワインと音楽でゆるりと過ごす

本日のワイン600円〜と鹿のロースト1,000円。ジビエにも力を入れていて、近所の猟師さんから仕入れているそう

熱海・伊豆山神社の参道脇。2023年10月に音楽・ワイン・アート好きが集まりオープンした、「泊まれるカフェバー」がコンセプトの一軒家がある。玄関で靴を脱いで上がると、広いロビーがカフェとなっていて、2階は海が見えるゲストハウス。旅の目的にするにはお誂え向きだ。

オーナーがボイストレーナーということで、室内はグランドピアノなど本格的な音楽機材が目をひく。庭は傾斜を活かしたウッドデッキで一番下はステージとなり、ライブなども行われている。カフェメニューはその時々で違い、地産地消にこだわり伊豆山の有機野菜や地元の新鮮魚介などを使用している。ドリンクはノンアルコールも取り揃えているが、注目はやはりワイン。ソムリエが厳選した日替わりで、グラス1杯から楽しめる。

海を眺めながら、ゆったりと音楽を聴いて嗜むワインは格別に違いない。そのまま宿泊し、のんびりと旅先の夜を過ごしたい。

1_海に向かって開けたテラスは主に地元の木材を使い、ここでも地産地消となっている　2_ぬくもりあるウッドテーブルやくつろげるソファ席の店内。大きく取られた窓から見える風景は、窓枠を額縁とした1枚の絵のよう　3_真空管アンプのレコードプレーヤーから流れるBGMも、この場を構成する重要なファクター　4_ガトーショコラ700円はスタッフ手作り。スイーツ類は何があるかお楽しみだそう。コーヒーはマグカップにたっぷりなのが嬉しい

123 MUSIC

いずさんミュージック

熱海市伊豆山573-2　☎なし　15:00～21:00
休不定休（インスタにて要確認）　Pなし
HPhttps://123-music.com
インスタ@123music_atami
[テイクアウト]ドリンク可
[クレジットカード]不可　QR決済可
[座席]テーブル15席・テラス9席
[煙草]全席禁煙
[アクセス]熱海駅から徒歩25分、バス停・伊豆山中央から徒歩4分、もしくは伊豆山神社前から徒歩7分

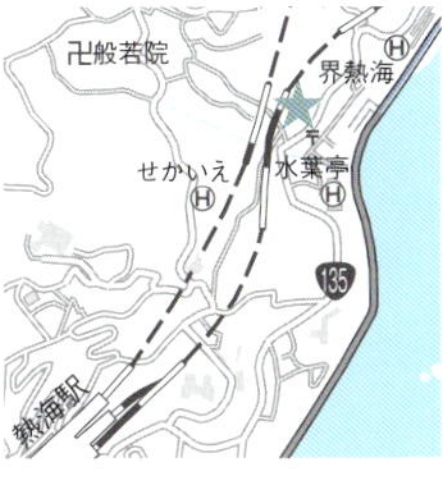

RECOMMEND MENU

- コーヒー　500円
- だいだいソーダ　500円
- 本日のおつまみ　400円～
- コーヒーゼリー　600円

庭に咲くアジサイのドライフラワーがレトロな空間を彩る

静岡市駿河区

ひとりの時間が好きになる レトロ空間でいただくコーヒー

建築設計会社が本業の片手間にやっている小さなカフェと聞いて訪れた。気をつけていないと通り過ぎてしまいそうな、一見、普通の民家。看板がなければ気づかない人も多いだろう。ネコがいるため、ガラス扉の入口は閉まっている。ノックすると、店主・亀山さんが出迎えてくれた。中に入ると、本やアンティーク雑貨、音楽アイテム、カメラ、山登りの道具、川釣りの道具など亀山さんの趣味のアイテムや雑貨が並び、独特な雰囲気に圧倒される。たくさんのモノがあるが、どこか統一感があって空間になじんでいる。コーヒーをオーダーして待つ間、店内を見

4

5

1_夕暮れの時間は伊豆半島に陽があたり、美しい景色が広がる　2_築60年の古民家を改修した事務所兼カフェ。個展やワークショップ等を開くこともできる。また、亀山さんに店舗や住宅、リフォームの相談をすることも可能だ　3_ハンドドリップで淹れてくれるコーヒーは、マグカップにたっぷりの量。これがまたおいしい。コーヒー豆は、3種類用意されていて好みのものを選ぶ。それぞれの個性が出ており、一杯一杯、丁寧に抽出する。「焙煎まで手を出したら、本業に支障がでるからね」と話すところから、コーヒー好きなのが伝わる。チョコとナッツでつくるビスコッティは亀山さんの手づくり　4_セレクトされたお茶や紅茶、ハーブソルト、食器や洗濯、ペットシャンプー、掃除、野菜洗い等まで希釈を変えることで幅広く使える環境にやさしい洗剤のはかり売りなどの販売も　5_新潟の作家・後藤奈々さんの作品も販売。作品に一目惚れしたそう　6_ネコのジャック君。最初はじっとうかがい警戒しているが、時折頭をなでさせてくれる

1

3

2

たり、窓の外に広がる景色を眺めたい。窓の外に駿河湾広がる。冬だと水温が低くなるため、透明度があがり、海がきれいに見えるという。ここでスマホを開くのはもったいない。本を片手に、あるいは物思いにふけるのにとても良い場所だ。

cafe & gallery from hand to hand

カフェ アンド ギャラリー フロム ハンド トゥ ハンド

静岡市駿河区石部45-31
☎054-256-4407（カメヤマ建築デザイン）
🕒12:00〜17:00
休土日のみの営業　Pあり（表1台、裏に3〜4台）
HPhttps://www.turtles.jp/
[テイクアウト]不可
[クレジットカード]可　QR決済不可
[座席]テーブル8席、テラス2席　[煙草]全席禁煙
[アクセス]JR用宗駅から徒歩15分
[備考]ネコがいるためアレルギーがある方は注意を

RECOMMEND MENU

- 珈琲（ホット、アイス）お菓子付　500円
- 紅茶（ホット、アイス）お菓子付　450円
- 蓮花茶　300円
- ビール IPA　800円
- しょうが、レモン、うめ（ホット、アイス）　350円

6

沼津市

ヘルシーランチで、川の流れのように穏やかな時間

多くの人で賑わう観光地・沼津港からもほど近い、2階建て倉庫風の白い建物。初代オープンから約30年経つこちらは、沼津カフェの先駆け。幾度かのリニューアルを経て、2024年3月からメニューも一新。野菜たっぷりのプレートやボウル、腸活を意識したパスタなど、トレンドを取り入れつつヘルシー志向な品が増えた。以前から人気の品々も趣を変えて、シェフのこだわりメニューとして再登場。スイーツ類は一日中オーダーできるので、港でお寿司を食べてここでデザートタイムもいいし、夜カフェも楽しめる。

さてここでは、一面ガラス張りの窓から見える風景も昔からの名

フルーツ＆ジュース770円は甘さ控えめソーダに細かくカットされたフルーツとナタデココ入り。いちご・キウイ・パインの3種で、色味もきれい

物だ。外に目をやると、水をたたえた狩野川にこんもりとした香貫山。天気の良い日には窓が開放され、心地よい風も感じられる。

　キラキラした水面を眺めながら身体にやさしい料理をいただけば、日常の忙しさを忘れ、川の流れとともに穏やかな時間が過ごせるだろう。

1_名物の特製アップルパイ990円は健在！熱々パイにこんもりと盛られた冷たいアイス、シャキシャキりんごのハーモニーが楽しい。オリジナルブレンドのアサイーボウル1320円はフルーツたっぷりで、ランチがわりになるボリューム　2_和んプレート1870円。メインも副菜も野菜たっぷり、ハンバーグはグルテンフリー。スープ・ほうじ茶もつき、健康的なのにお腹いっぱいになれる　3_開放的な店内は、ウッドテーブルに様々なチェアやソファなどバラエティ豊かな席を用意。サーフボードなどが飾られ、海辺のニュアンスも　4_眼下に狩野川を臨むベランダ。時々カモメも飛んで来て、海が近いことを感じる　5_青い空に映える白い壁。お店のロゴが大きく目立ち、オープンの看板もわかりやすい。

THE BLUE WATER

ザ・ブルーウォーター

沼津市魚町15　055-951-0001
11:00～22:00 (LO21:00)
休火曜（祝日の場合営業）　P20台
HP thebluewater.jp
インスタ@thebluewater04
[テイクアウト]可
[クレジットカード]可　QR決済PayPayのみ可
[座席]テーブル44席、カウンター6席、テラス9席
[煙草]全席禁煙（喫煙スペース有り）
[アクセス]JR沼津駅より 徒歩8分

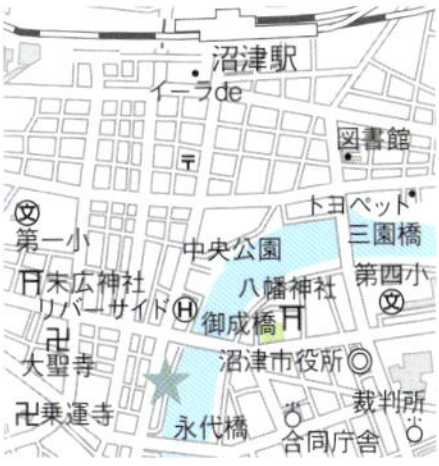

RECOMMEND MENU

- **スチームチキンのプロテインボウル（スープ・ドリンク付）1,650円**
- **ブルーウォーターバーガー（スープ・サラダ・ドリンク付）1,870円**
- **厚切りベーコンの トマトカルボナーラ（スープ・サラダ・ドリンク付）1,430円**
- **狩野川パンケーキ　880円**
- **飲むチーズケーキ　770円**

御前崎市

目の前に広がる海と空
至福の時間が過ごせる
絶景カフェ

段差を上がり、客席のある空間に足を踏み入れると、目に飛び込んでくる海と空の景色に圧倒される。大きな窓の前には一枚板のカウンターがある。ゆったり座れるソファ席やテーブル席もあり、店内どこに座っても景色が楽しめる。日中は太陽の光を受けてキラキラと輝く海面が、夕方には夕焼けに染まっていく。天気が良ければ伊豆半島までのぞめる。

絶景とともに楽しめるドリンクメニューも豊富。キーマカレーも人気だが、売り切れることもあるのでお早めに。

隣には、御前崎市のシンボルともいえる白亜の御前埼灯台があり、店内からも見える。灯台にのぼれ

リノベーションされた店内はどの場所からでも絶景が楽しめる居心地の良い空間

晴れとsora Cafe

はれとそらカフェ

御前崎市御前崎1570-1
☎0548-63-4320
🕒11:00～20:00（時間短縮の場合あり）
休水曜　P近隣に市営駐車場（無料）あり
HP https://www.instagram.com/haretosora_cafe_official/
[テイクアウト]ドリンクのみ可
[クレジットカード]不可　QR決済可
[座席]テーブル8席、カウンター12席
[煙草]全席禁煙
[アクセス]東名高速菊川インターから車で50分

1_コーヒーのほか、ブルーラグーンやベリー×ベリーソーダ（各770円）などノンアルコールドリンクメニューが豊富　2_カフェの周囲には眼下に駿河湾を見下ろせるスポットもある　3_海岸まで降りられる階段もあるので、時間があればゆっくりと散策も楽しみたい　4_カフェから徒歩10秒で行くことができる御前埼灯台

RECOMMEND MENU

- **グリルハーブチキン　1,100円**
- **キーマカレー　1,500円**
- **ブルーラグーン　770円**
- **ヘーゼルナッツモカ　790円**
- **ピンス（韓国風ふわふわかき氷）夏季限定 1,350円～**

ば富士山も見え、夜には灯台がライトアップされるのも魅力。海岸まで降りられる散策路も整備されているので、のんびりと小旅行気分で行くことをおすすめしたい。

静岡市清水区

清々しい風と川のせせらぎの音に癒される

黒川キャンプ場のすぐ近くにある「ｔｏｋｉ」は、自然豊かなこの場所をもっと知ってほしいと思う若者たちが集まって運営。ゆったりとした音楽、アンティークの家具からはノスタルジックな雰囲気を感じ、開放感あふれる大きな窓の外川と山の景色が楽しめる。外のテラスにいけば、川のせせらぎが心地よく、春には川沿いに植えられた桜の花を眺めながら過ごすのもいい。冬になると休日は焚き火が登場。火で暖をとり、コーヒーを飲みながらおしゃべりするのもまたいい。雰囲気もいいが、スパイスカレーが絶品。クミン、コリアンダー、ガラムマサラ、クミンシード、ターメリックなどの

目の前に浅瀬の川があり、サワガニやカエルたちもいるので、お子さんたちも楽しく過ごせそう。遊歩道もあり、食事をして散歩してそのあと、カフェタイムを過ごすのも良さそう。テラス席はペット連れの利用も可

スパイスと、ソース、ケチャップ、トマト缶などの調味料をブレンダーにかけ、野菜と煮込む。スパイスの香りが食欲をそそる。近くに温泉もあるので、ついでに立ち寄るのも良さそう。ドライブがてらにわざわざ訪れたいカフェだ。

3

1

4

2

RECOMMEND MENU

- ドライカレー　1,408円
- ホットドッグ　1,408円
- ガトーショコラ　605円
- フライドポテト　385円
- 自家製レモンスカッシュ　605円
- スパイスジンジャエール　572円

1_お店で手づくりするケーキやカヌレなどの焼き菓子もおいしい　2_「バターチキンカレー」1,408円。ココナッツを使うことが多いスパイスカレーだが、お子さんでも食べやすい味にと練乳を使用。癖がなく食べやすい。鶏肉はヨーグルトとスパイスで前日から漬け込み、ほろほろとやわらかい。付け合わせの野菜の種類も多く、栄養満点　3_「チーズケーキ」605円。「他ではない味を」と考案したもので、ベイクドチーズケーキとレアチーズケーキの二層になっており、その上に添えられたマーマレードがアクセントになっている。別々に食べてもいいし、一緒に食べていい。いろんな味が楽しめる。「カフェラテ」605円はミルクとエスプレッソの二層になって見た目にもかわいい　4_「モーニングセット」660円。ピザトースト、クロワッサン、シュガードーナツとドリンクがセットになった9:00～10:30限定の朝食セット。キャンプの朝ご飯としても人気　5_無垢の木を使った店内。イラストレーターとして活動するスタッフが在籍する日は、時間の合間を見て似顔絵を描いてくれるサービスも

toki

トキ

静岡市清水区西里1349-2
☎054-340-7096
🕘水～金曜10:00～17:00(L.O.16:00)、土・日・月曜(祝日)9:00～18:00(L.O.17:00)
休月・火曜　P8台
HP Instagram @toki_1349
[テイクアウト]可
[クレジットカード]可　QR決済可
[座席]テーブル16席、テラス約30席
※季節により変動あり
[煙草]全席禁煙
[アクセス]新東名高速道路清水いはらI.C.から車で30分
[備考]予約不可。時期により営業日に変動あり。インスタで確認を

5

静岡市駿河区

副菜は15種類以上！ 地魚でとった出汁カレー

1·2·3_ナティさんの友人たちが手伝ってつくってくれたという店内。ゆったりできるソファ先は赤ちゃん連れのママたちにも好評。お一人さまランチをするならカウンター席で。ドラムセットも置かれ、音楽イベントが開かれることもある　4_「漁師のダシと桜エビグリーンカレー」1,500円。+200円で酵素玄米に変更可能　5_友人が描いてくれたというナティさんの似顔絵がお店の目印。ちなみに店内のアート作品のほとんどがこの似顔絵を描いてくれた友人の作品だそう　6_リゾートを思わせる外観。隣には漁師をしつつサーフボードを販売するご主人の店「J.Blood」も

ここはまさに店名の通り、明るく元気な「ナティさんの台所」。ここから毎日、たくさんの料理が生まれている。用宗漁港で漁師をするご主人が獲ってきた太刀魚、タイ、シラス、スズキなどその日に手に入る地魚と、鶏ガラで出汁をとり、ココナッツミルク、クミンなどのスパイスと合わせて無添加でつくるカレーがおいしい。グリーンカレーは辛すぎない程度に仕上げているが、辛いものが苦手な人やお子さん向けにはバターカレーを用意。そして提供されたときに思わず歓声が出そうなほどの副菜の数々。おから、ひじき、高野豆腐、きんぴらごぼう、わかめと桜えびの炒め物、切り干し大根、豆腐の皮の煮物、にんじんラペなど、旬のものを使った惣菜は15～19種類。「自分でいうけど、おいしいよ～」と言いながら料理の説明をしてくれるナティさん。本当にどれもおいしい。レシピは聞けば惜しげもなく教えてくれるし、話していると元気をもらえる。

ポルトガルから3歳のときに日本へ。サーフィンつながりでご主人と出会い、ご主人の地元の用宗へ移住。「しらすや桜えびなどの魚、フルーツなど、静岡は食べ物がおいしいよね」と話す。ポルトガルの味付けではなく、日本で生まれ育ったので味付けは和風。元々は友人たちに振舞っていたご飯だが「おいしいからお弁当にして出したら？」と言われ、はじめはお弁当からスタート。今もテイクアウト対応しており、来店して注文も可能だが事前予約しておくと安心。港や広野海岸公園で食べる人も多いとか

Natty Kitchen

ナティ キッチン

静岡市駿河区広野5-12-18　☎090-2637-7512
営11:30～15:00(早仕舞いすることあり)
休Instagramで確認を　P5～6台
HP Instagram @nattykitchen2022
[テイクアウト]可　[クレジットカード]不可　QR決済不可
[座席]テーブル7席、カウンター6席　[煙草]全席禁煙
[アクセス]JR用宗駅から徒歩15分
[備考]電話あるいはインスタで営業確認をしてから来店を

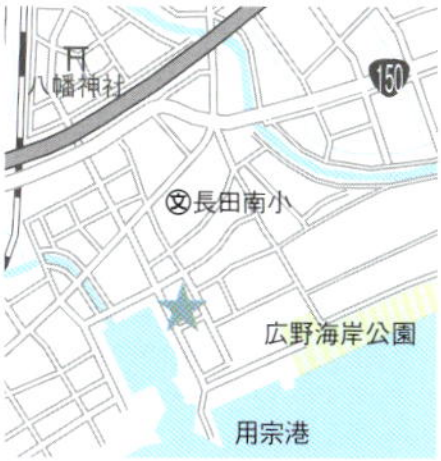

RECOMMEND MENU

- グリーンカレー　1,500円
- マッサマンカレー　1,500円
- タコライス　1,500円
- ジャークチキン　1,500円
- 酵素玄米ランチ　1,500円
- 酵母ジュース　350円

三島市

清流・源兵衛川沿いで営む ランチもおいしいレトロ喫茶

水の都と呼ばれる三島を象徴する源兵衛川。夏はホタル、秋から冬にかけてカワセミが飛び交う清流は、川沿いや川上にも遊歩道が整備され、市民の憩いの場として親しよれている。「らーらぷろむなーど」は、源兵衛川おさんぽコースのほぼゴール地点にある、昔からある喫茶のたたずまい。川沿いの桜の木に寄り添う、れんが造りの建物だ。

２０２３年の春、それ以前にここで営んでいたジャズ喫茶から建物を引き継ぐ形でオープン。前オーナーから購入した、トライオードの真空管アンプから届くやわらかな音色が、耳に心地いい。アナスイの茶器で提供するイング

1_ランチセットの一例。メインはハーブが香ばしい「鶏肉の香草焼き」。ヴィシソワーズ、サラダにライスまたはパンが付いて1500円とリーズナブル　2_ドラマのロケ地にもなり、夏は水遊びスポットとしても人気の源兵衛川　3_窓越しの川沿いには桜の木があり、春の窓際席やテラス席は花見の特等席になる　4_一番人気スイーツ、こんがり焼いた濃厚な「バスクチーズケーキ」700円と「幸せのブレンドコーヒー」500円

昔ながらの喫茶店の雰囲気。フードメニューには喫茶の王道ナポリタンも

Cafe らーらぷろむなーど

カフェラーラプロムナード

三島市南本町13-30 1F　055-916-0153
10:00〜18:00　休火曜　P5台
HP https://www.instagram.com/cafe_rara.promenado/
[テイクアウト]あり
[クレジットカード]可　QR決済可
[座席]テーブル14席、カウンター4席、テラス3席
[煙草]全席禁煙　[アクセス]伊豆箱根鉄道三島広小路駅より徒歩10分

RECOMMEND MENU

- 幸せのブレンドコーヒー 500円
- ナポリタン 1100円
- いちごのクリームソーダ 500円

リッシュティー（600円）やオーガニックティー、手作りシロップを使ったクリームソーダなど豊富なドリンク類に加え、フレンチ出身のシェフが手がけるランチメニューも楽しめる。清流が育む三島の町を歩きながら、上質な音色と窓越しの緑に包まれた空間でひと休みしたい。

1

袋井市

愛らしい鶏がお出迎え
心和むテイクアウトカフェ

2

1・3・4_心地よい風が通る緑に包まれたロケーションに自然が大好きな店主が一目ぼれし、カフェをオープン。年に2回ほど青空市を開くなど地域の方の憩いの場にもなっている　2_のんびりと歩き回る鶏たちの愛らしさにほっこり。看板娘に会いにやってくる人も多いそう　5_夏は清涼感あふれる「果実ソーダ」500円でひと息。グレープフルーツ、甘夏、キウイなど季節のフレーバーが揃う　6_香り高い「木々香ブレンド」450円は注文ごと一杯ずつ丁寧に淹れてくれる　7_生みたての新鮮な卵はコクと甘み抜群。かため食感が懐かしい「こっこのプリン」280円　8_マヨネーズも雑穀パンも自家製「こっこの卵サンド」350円は必食！

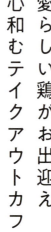

青色のコンテナが目を引くテイクアウトカフェ。太田川さくら通りに面し、川から渡る風や緑の景色、鶏たちが気ままに庭を歩く姿などとことん自然を愛でることが叶う。「地元の方たちが散歩がてら立ち寄ってくれるのが嬉しくて」と気さくな店主・原昌枝さんが話すそばから、「開いている?」と顔を見せるお客が次々と、地域の老若男女に愛されているのが伝わってくる。天気の良い日にはベンチやテーブルでゆったりくつろぐのがお約束だ。

　ものづくりと自然が大好きな原さんが作るおやつやパンは、キビ砂糖やソイバター、旬の果物や野菜をふんだんに使うなど体に優しい品ばかり。季節によって変わる気まぐれメニューで楽しませてくれる。おすすめは原さんの愛鳥が産んだ、生みたて卵たっぷりのプリンやサンド。岡崎おうはんやアローカナなど珍しい種類の鶏が暮らしているからこそ、濃くて滋味深い味わいを賞味してほしい。

3

4

6

5

8

7

庭cafe木々香

ニワカフェ ココカ

袋井市延久666-1
☎非公開(問い合わせは公式LINEまたはInstagramにて)　🕒10:00〜17:00
休月、火、水曜(臨時休業あり)、1・2月は冬期休業　※日曜は不定期で営業　P3台
HP http://www.instagram.com/cafe.cocoka
[テイクアウト]可
[クレジットカード]不可　QR決済可
[座席]テラス10席　[煙草]全席禁煙
[アクセス]袋井バイパス玉越小山ICより車で3分、東名高速袋井ICより車で約6分

RECOMMEND MENU

- 米粉クッキー　200円
- かぼちゃのチーズケーキ　430円
- 自家製パン　200円〜
- 木々香ブレンド　450円
- カフェラテ　500円(ホット・アイス)
- グリーンスムージー　600円

熱海市

絶景を堪能。見渡す限り花と緑のガーデンカフェ

ガーデンの山頂エリアで、海、空、植物に調和する印象的な建物。

まるで大きな1本の木のような、カフェの中心に存在する柱は特殊工法で釘が見えない造り。樹齢800年のアラスカヒノキを49層積み上げ、1500本使用しているそう。

熱海の市街地から少し離れ、よりリゾート感の強いエリアにあるガーデン「ACAO FOREST」。20万坪の広大な土地に点在する13のガーデンに、６００種４００株のバラを始めとした四季折々の花や植物の緑が広がる。敷地内には合計3店のカフェ&レストランがあり、ここだけでもカフェ巡りができてしまう。

中でも、海を見下ろす丘に建つ「COEDA HOUSE」は建築家・隈研吾氏が手がけた、シンボル的なカフェ。３６０度ガラス張りで家具は鏡になっているため、視界には人工物がほとんど映り込まない。店内からも海とガーデンが見渡せ、自然と一体化するようなくつろぎの空間だ。オリジナルスイーツやドリンクと共に、絶景を堪能しよう。テイクアウトにすれば、敷地内どこでも、ガーデンカフェに早変わり。

また、２０２４年12月から夜はなんとバー営業を開始。昼間とはまた違った大人の時間を過ごせるようになった。旅先の夜を、街中ではなく自然の中で過ごすのもいいだろう。

1

3

2

1_ハーブやお花で作る自家製コーディアルシロップのドリンク。一番人気のラベンダーレモンスカッシュ880円は、フローラルな香りと爽やかな味わいが特徴　2_園内はフォトジェニックなスポットがいっぱい！こちらのフレームハウスは、青い海を背景にまるで日本ではないような気分に浸れる。　3_COEDA HOUSEの柱をモチーフとしたスティックケーキ620円。熱海特産の橙を使用した爽やかな味の「ATAMI橙」をはじめ、抹茶など数種類ある。　4_ガーデンの見どころはやはりバラ。ピーク時の春と秋に咲き誇る様子は圧巻

4

COEDA HOUSE

コエダハウス

熱海市上多賀1027-8　ACAO FOREST内
☎070-4019-9228　🕘9:30〜16:00(LO)※カフェ利用にはACAO FOREST入園料が必要
バー営業・18:00〜23:00　※入園料不要
休ACAO FORESTの定休日に準ずる、バー営業定休日:月曜　Pあり(100台/有料)
HPhttps://acao.jp/cafe-dining/coeda-house
https://acao.jp/cafe-dining/barcoeda
[テイクアウト]可
[クレジットカード]可　QR決済可
[座席]テーブル20席(テラスにもテーブルあり)
[煙草]店内禁煙(屋外に喫煙所あり)
[アクセス]熱海駅より車約15分、バス停「アカオ フォレスト」から徒歩すぐ

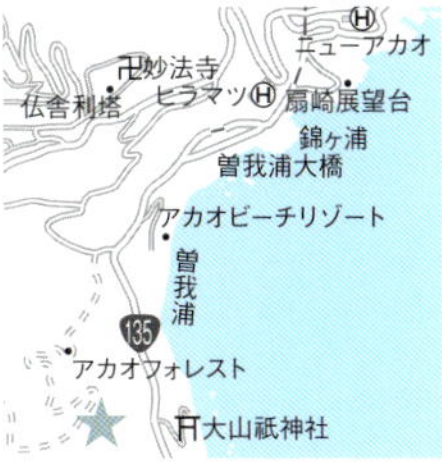

RECOMMEND MENU

- ハイビスカスローズ&エルダーフラワー　880円
- ほうじ茶&ローズ　760円(hot:通年 / ice:3月〜11月末)
- 薔薇のアイス　880円
- COEDA HOUSEオリジナルスムージー　1,380円〜
- オリジナルカクテル2,000円〜(バー営業時限定)

静岡市駿河区

海辺のカフェでゆったりごほうびパフェ

イチゴ、モモ、メロン、柑橘、シャインマスカット、ブルーベリー、いちじく、キウイ、栗。シーズンになるとさつまいもやトマトもパフェになる。イチゴだけでも10種類のパフェを考案。味のアクセントにと、イタリアチーズの王様とも言われるパルミジャーノ・レッジャーノとブラックペッパーとハーブを効かせた手づくりクラッカーを一緒に提供する

静岡でもっとも熱いと言われる、リゾート感あふれる用宗。海沿いを歩きながら向かうと、白いかわいい建物のカフェに出会う。中に入ると数々のアンティーク品やオリジナル家具が出迎えてくれる。そんな非日常的な雰囲気の中でいただけるのが、思わず笑みがこぼれるデザインパフェ。他県のパフェの専門店で腕を磨いた店主が店を切り盛りする。「パフェを提供すると、お客さまが目をキラキラさせて喜んでくれるんです。パフェって素敵な食べ物だなって思います。静岡はフルーツが豊富。静岡県産にこだわり、そして農家さんとのつながりを大事にしながら自分へのご褒美になるようなパフェを提供したいと思っています」。チーズ専門店でも働いていた経験を活かし、チーズを使ったメニューも展開。パフェもフードメニューも極力手づくりして、素材の味を引き出している。

チーズを使ったフードメニュー

築50年以上のビルをリノベーションした白い建物が印象的だ

白を基調とした地中海を彷彿させる店内。海をイメージしたオリジナルタイルが目を引く。什器やアンティーク品は世界を旅しながら収集したもの。大人の落ち着いた空間に仕上がっている

ドリンクをテイクアウトして、すぐ目の前の用宗海岸の堤防に座って飲むのも気持ちがいい

MARINE CAFE

マリンカフェ

静岡市駿河区用宗5-18-10　☎非公開
🕒11:30～17:00(L.O16:30)
休火・水曜　P なし
HP Instagram @marinecafe__
[テイクアウト]可
[クレジットカード]可　QR決済可
[座席]テーブル10席、カウンター4席
[煙草]全席禁煙
[アクセス]JR用宗駅から徒歩7分
[備考]予約不可

RECOMMEND MENU

- ミートドリア/クリームドリア　1,380円
- トーストプレート　1,280円

2

3

4

1

浜松市天竜区

天竜の豊かな自然に囲まれたドッグカフェ

1_季節のよい時期は大人も川に入って犬と一緒に思いっきり川遊びができる。 2_フレンドリーな前田さんご夫妻が着用している服は、元アパレルのデザイナーだったマエダさんのデザイン。店内でTシャツやトレーナーの販売もある。 3_夏以外は、天竜川河川敷には5000㎡のドッグランがある。 4_マエダさんがデザインしアメリカで作られるポリエステルウェビイングというシートベルトと同じ素材で出来ている丈夫な首輪。4,990円。 5_ボリュームのあるスパイスの効いたジャマイカの料理「ジャークチキン」1,869円。他にも自家製のカレーやピザなどフードメニューも充実。 6_ロサンゼルス在住経験のあるマエダさんが当時の街中のカフェをイメージしてポップなオレンジ色で明るい店内に。 7_大竜春野町の自然豊かな環境で過ごす時間は飼い主も犬もリフレッシュ。R362沿いのカラフルな建物なのでわかりやすい。

「愛犬家にとって、愛犬は家族、可能ならどこへ行く時も連れて行きたいのが本音」と話すオーナーの前田さんご夫妻は気田川の美しさに惚れ込み、ここなら大型犬が遊べて家族でリラックスできるカフェが出来ると気田川沿いにオープンした。

お店ではオーナーの5頭のラブラドールレトリバーがお出迎え。もちろん大型犬でなくても、犬を飼っていなくても犬好きなら楽しめるカフェ。週末は、県内外からラブラドールレトリバー、ゴールデンレトリバーなどの大型犬が集まり、愛犬家同士の交流も図れる。市内では、なかなか大型犬が自由に走れる広い場所がないが、ここでは大型犬たちが犬同士で川遊びまでできる。大型犬のオーナーには夢のようなカフェ。今後は、愛犬家と泊まれる宿を設置する予定も。「いつか春野町がラブラドール（大型犬）の聖地と呼ばれるようにしたい」マエダさんは楽しそうに話してくれました。

6

7

RECOMMEND MENU

- ジャークチキンライス　2,167円
- どすこいかつカレー　2,497円
- 4種のチーズピザ　3,399円
- ハンドドリップコーヒー　768円

5

THE RIVERSIDE CAFÉ

ザ リバーサイド カフェ

浜松市天竜区春野町堀之内729
☎090-3491-9218
営11:00〜15:00　休火、木、金曜
P10台　臨時駐車場あり
HP The-circle-of-ethical-living.com/theriversidecafe/
[テイクアウト]可
[クレジットカード]可　QR決済可
[座席]テーブル20席、テラス25席
[煙草]全席禁煙
[アクセス]新東名森町より車で35分、浜松市街から車で1時間

エリア別 INDEX